Sieben Kräfte hat das Ich

Klausbernd Vollmar

Sieben Kräfte hat das Ich

Wie man seine inneren Gegenspieler
zu Freunden macht

Integral

1. Auflage 1998
Copyright © 1998 by Scherz Verlag, Bern, München, Wien,
für den Integral Verlag
Alle Rechte der Verbreitung, auch durch Funk, Fernsehen,
fotomechanische Wiedergabe, Tonträger jeder Art und
auszugsweisen Nachdruck sowie der Übersetzung,
sind ausdrücklich vorbehalten.
Einbandgestaltung: Zembsch' Werkstatt, München

Inhalt

Von der Kunst, mit vielen Ichs zu leben 9

Szenen aus dem Alltagsleben 10
Die männliche Variante 10 · Die weibliche Variante 12

Die Idee der unterschiedlichen Ichs 14

Die Entdeckung unserer ungeahnten Möglichkeiten 22

Die Energiezentren des menschlichen Körpers 26
Gurdjieffs Lehre 26 · Die ostasiatische Lehre von den
Chakras 28

Der praktische Nutzen des Konzepts der sieben
inneren Personen. 32

Ein Tip vorweg. 37

Das energetische Ich 39
Das energetische Ich stellt sich vor 40

Die Vernachlässigung 43
Psychische Probleme 44 · Körperliche Probleme 47

Die Bejahung 50

Übungen 52
Der Fluß der Kraft 53 · Identifikation mit dem
energetischen Ich 55 · Die Energieleiter 56

Das sexuelle Ich 59
Das sexuelle Ich stellt sich vor 60

Die Vernachlässigung 64
Psychische Probleme 65 · Körperliche Probleme 68

Die Bejahung 71

Übungen 74
Das unendliche Meer der Lust 75 · Die Spannung
zwischen dem Weiblichen und dem Männlichen 76 ·
Sie Suche nach dem inneren Liebhaber – die Suche
nach der inneren Geliebten 78

Das kämpferische Ich 81
Das kämpferische Ich stellt sich vor 82

Die Vernachlässigung 85
Psychische Probleme 86 · Körperliche Probleme 90

Die Bejahung 93

Übungen 95
Die Suche nach dem Schatten 96 · Seine Aggressionen
betrachten 98 · Seine Abhängigkeit von Lob und Beifall
bewußt wahrnehmen 100

Das mitfühlende Ich 103
Das mitfühlende Ich stellt sich vor 104

Die Vernachlässigung 107
Psychische Probleme 108 · Körperliche Probleme 112

Die Bejahung 114

Übungen 116
Auf die Stimme des mitfühlenden Ichs hören 117 ·
Kontemplation über das Mitgefühl für sich selbst 119 ·
Die Auflösung des Leidens in Ihrer Umgebung 122

Das kommunikative Ich 125
Das kommunikative Ich stellt sich vor 126

Die Vernachlässigung 128
Psychische Probleme 129 · Körperliche Probleme 132

Die Bejahung 134

Übungen 137
Auf die inneren Stimmen hören 138 · Das genaue
Zuhören 140 · Die Macht des Ungesagten 144

Das intuitive Ich 147
Das intuitive Ich stellt sich vor 148

Die Vernachlässigung 151
Psychische Probleme 152 · Körperliche Probleme 156

Die Bejahung 159

Übungen 162
Das intuitive Erfassen anderer Menschen 163 · Der Blick in die Zukunft 165 · Problemlösung durch Intuition 168

Das göttliche Ich 171
Das göttliche Ich stellt sich vor 172

Die Vernachlässigung 175
Psychische Probleme 176 · Körperliche Probleme 180

Die Bejahung 182

Übungen 184

Die Lehren der sieben Ichs 187

Literatur 190

Seminare und Workshops 192

Von der Kunst, mit vielen Ichs zu leben

Jeder von uns hat viele unterdrückte potentielle Ichs, die uns nie vergessen lassen, egal wie eng die Grenzen unserer Persönlichkeit gesteckt sein mögen, daß wir das tiefe Verlangen nach Vielfalt haben, daß wir viele Rollen spielen wollen.

Luke Rhinehart, *Der Würfler*

Szenen aus dem Alltagsleben

Alles, was uns glücklich macht, ist Wirklichkeit.

Johann Wolfgang von Goethe

Die männliche Variante

Der verspätete Zug fährt mit kreischenden Bremsen in die große Bahnhofshalle ein. Herr Mühsam schaut nervös auf seine Uhr und erkämpft sich resolut den Weg durch den viel zu engen Gang zur Tür. Als er über den überfüllten Bahnsteig dem Ausgang zu hetzt, klingelt zu allem Überfluß noch sein Handy. Wie peinlich, jeder schaut ihn an – hämisch, feindlich, befremdet, bestenfalls mitleidig grinsend. Von hinten wird er rüde angerempelt. Seine Sekretärin gibt ihm die neuesten Informationen für seine Verhandlungen durch. Er kann trotz fieberhafter Suche keinen Stift in diesem Bahnhofsgedränge finden, um sich die notwendigen Notizen zu machen. Er schwitzt, und dennoch ist ihm kalt auf diesem zugigen Bahnsteig. Die Lautsprecher dröhnen so laut, daß er die Stimme seiner Sekretärin kaum verstehen kann. Geschafft, endlich läßt er sich ins Taxi fallen.

«Warum tue ich mir das alles an?» fragt er sich, als er auf dem Rücksitz ein wenig zur Ruhe gekommen ist. Der Verkehr kommt ins Stocken. Vor dem Hotel sieht er eine attraktive Frau beschwingt Saxophon spielen.

«Und wenn ich Straßenmusiker geworden wäre?» Dieser Gedanke überfällt ihn so plötzlich, daß er aus Versehen dem Taxifahrer zwanzig Mark Trinkgeld gibt. «Einfach abhauen

und um die Welt fahren...» Nein, solche Gedanken sind zu gefährlich, um weitergedacht zu werden. Der Mythos vom Mann, der vorgibt, sich nur kurz Zigaretten zu ziehen, und nie mehr wiederkommt...
«Wie soll ich mein Haus, mein Auto, meine Frau, meine Kinder und den ganzen Lebensstil bezahlen? Und das in diesen unsicheren Zeiten?» Als ihn diese Gedanken tükkisch beim Rasieren im Hotelzimmer heimsuchen, schneidet er sich gleich.
Was ist los mit ihm? Er, der die glänzende Karriere gemacht hat, ist seit ein paar Tagen unangenehm verwirrt. Das liegt wohl weniger an dem lästigen Schnupfen als an der Ansichtskarte, die ihm sein Vorgänger aus dem sonnigen Süden schickte, wo er sich zur Ruhe gesetzt hat. «Soll ich auch gehen?» Da überfällt ihn ein Gedanke, als er den Schaum vom Kinn abwäscht: Die Forderungen der Familie, der Firma – wo soll das alles enden? Und ein Kopfschmerz ärgert ihn auch schon seit Tagen.
«Nun sei nicht undankbar! Dir geht es doch gut. Das sind Spinnereien, geboren aus der Überarbeitung. Gegen solche Anfechtungen ist doch ein Mann in deiner Position und deinem Alter gefeit!» meldet sich sein diszipliniertes energetisches Ich beschwichtigend zu Wort.

Wenn wir Herrn Mühsam und alle seine Kollegen weiterverfolgten, würden wir den Kampf der unterschiedlichsten Ichs in ihnen erleben. Da hatte es der alte Doktor Faust noch vergleichsweise gut, wenn er klagte: «Zwei Seelen wohnen, ach, in meiner Brust.» In den meisten von uns leben einige Seelen mehr, die sich bekämpfen, taktisch unterstützen, um wieder unverhofft aus dem Nichts anzugreifen und nervenaufreibend in Streit zu geraten.

Von dem Umgang mit diesen unterschiedlichen Ichs handelt dieses Buch. Wenn Sie meinen, daß es in Ihnen keine solchen widerstreitenden Ichs gibt, kann ich Ihnen nur raten, sich einmal genau in Entscheidungssituationen zu beobachten. Da wollen die einen Ihrer Ichs hierhin, die anderen dorthin und eine dritte Gruppe will noch etwas ganz anderes.

Aber bevor wir uns diese Ichs genauer ansehen, schauen wir uns die weibliche Variante der Szenen aus dem Alltagsleben an.

Die weibliche Variante

Eva Liebenswert hat ihre Tochter Anna in aller Eile mit dem Auto zum Kindergarten gefahren. Der morgendliche Stau in der Innenstadt trug nicht gerade dazu bei, ihre Laune aufzuhellen, und jetzt gibt es zu allem Überfluß – wie immer – herzzerreißende Szenen bei der Verabschiedung: Anna schreit und klammert sich an die Mutter, die unbedingt weiter zur Arbeit fahren muß. Frau Liebenswert betritt ihr Büro und bekommt angesichts der Papierstapel auf ihrem Schreibtisch sogleich ein schlechtes Gewissen. Der attraktive Sekretär – der erste Lichtblick heute morgen – kommt mit einem duftenden Kaffee herein und findet sie in Gedanken bei Anna.

«Du solltest dich mehr um deine Tochter kümmern», redet ihr mitfühlendes Ich auf sie ein. «Das ist doch Quatsch! Das Kind muß selbständig werden. Anna ist in guten Händen. Du kannst doch dein Leben nicht wegen deines Kindes aufgeben», meldet sich sogleich ihr kämpferisches Ich empört zu Wort.

«Du hältst jetzt deine Klappe!» herrscht sie dieses Ich an. «Wegen dir kann ich mich schon nicht auf eine Beziehung einlassen – immer quatschst du dazwischen, hast etwas zu mäkeln, und immer liegst du falsch – zumindest hilfst du mir nicht.» Sie trinkt den Kaffee und verbrennt sich fast den Mund. Das bringt sie zur Besinnung. «Ruhe jetzt! Ich will arbeiten», herrscht sie ihre Ichs an und nimmt von ihrem Sekretär die Tagesordnung der morgendlichen Sitzung entgegen.

«Noch fünf Minuten, dann bin ich wieder fit», ruft sie ihm zu und werkelt noch gedankenverloren vor dem Spiegel an ihrem Make-up herum.

Frau Liebenswerts Leben wird weiterhin von den gegensätzlichen Ichs in ihrem Inneren bestimmt sein. Täglich wird sie vor der Aufgabe stehen, ihre eigenen Bedürfnisse, die ihrer Tochter und die Anforderungen des Berufes in Übereinstimmung zu bringen. Immer wieder melden sich die verschiedenen Ichs mehr oder weniger lautstark zu Wort, und es bedarf bisweilen des Willens eines Löwenbändigers, um diese streitenden Ichs zu beruhigen.

Eva Liebenswert begreift allmählich, daß ihre unterschiedlichen Ichs sich gegenseitig blockieren und ihr das Leben zur Hölle machen – falls sie nicht beherzt Ordnung in ihrem eigenen Inneren schafft.

Damit hat Eva Liebenswert das Ziel dieses Buches angesprochen: Es möchten Ihnen – ob Frau Liebenswert oder Herr Mühsam – dabei helfen, Ordnung in Ihr eigenes Inneres zu bringen, damit Sie sich nicht mehr so zerrissen fühlen, klar Entscheidungen fällen können und sich nicht ständig selbst blockieren.

Die Idee der unterschiedlichen Ichs

In diesem Buch geht es also darum zu zeigen, wie man mit seinen Energien produktiv und erfolgreich umgeht. Es möchte allen Männern wie Herrn Mühsam und allen Frauen wie Eva Liebenswert Möglichkeiten aufzeigen, wie man in Harmonie mit seinen widerstreitenden Ichs lebt. Und wenn das nicht möglich sein sollte, so will es doch zumindest Wege weisen, wie man die Spannungen und Streitigkeiten der verschiedenen Ichs in kreative Energien verwandeln kann.

Stellen Sie sich Ihre Psyche wie eine Wohngemeinschaft von sieben verschiedenen Ichs vor, die Sie als unterschiedliche Bedürfnisse und Ansprüche erleben. Jedes dieser Ichs hat seinen eigenen Bereich. Es achtet genau darauf, daß dieser Bereich nicht vernachlässigt oder gar übersehen wird. Bei Frau Liebenswert meldete sich zunächst das liebevolle mitfühlende Ich zu Wort. Das machte jedoch dem kämpferischen Ich sogleich panische Angst, weswegen es seinen Anspruch lautstark vertreten mußte.

Bei Herrn Mühsam sah es nicht viel anders aus: Bei ihm bekämpften sich hauptsächlich sein karrierebewußtes energetisches Ich und sein intuitives Ich, das Ruhe und mehr Zeit für sich selbst braucht.

Wir können sieben solcher archetypischen Ichs in uns unterscheiden. Natürlich könnte man auch neun oder nur fünf Ichs annehmen, aber es scheint so, daß es tatsächlich sieben grundsätzlich unterschiedliche Verhaltens- und Wahrnehmungsweisen in uns gibt. Die Zahl Sieben ist deswegen sehr geeignet, da sie in unserer Kultur immer eine Ganzheit bezeichnet. Denken Sie nur an die Oktave in der Musik, die die kosmische Ordnung wiedergeben soll: Nach sieben Tönen sind wir wieder beim Grundton angelangt. Diese Siebenteilung tritt in allen möglichen Bereichen auf: Das Periodensystem der chemischen Elemente unterscheidet sieben Gruppen, aus denen unsere Welt aufgebaut ist, und das Judentum kennt den siebenarmigen Leuchter als heiligen Gegenstand, der die sieben Stämme Israels symbolisiert. Ich könnte hier noch viele weitere Beispiele anführen, die alle mit der Sieben eine Ganzheit bezeichnen.

Diese sieben Ichs, die in unserem Inneren ihre Aktivität entfalten, bauen aufeinander wie eine Pyramide der Bedürfnisse auf. Zuerst müssen die Ansprüche und Bedürfnisse der unteren Ichs befriedigt werden, um dann die der darüberliegenden Ichs zu befriedigen. Um das konkret zu verstehen, schauen wir uns zunächst einmal die sieben unterschiedlichen Ichs an.

1. Das energetische Ich
2. Das sexuelle Ich
3. Das kämpferische Ich
4. Das mitfühlende Ich
5. Das kommunikative Ich
6. Das intuitive Ich
7. Das göttliche Ich

Das energetische Ich sorgt stets dafür, daß wir genug Lebensenergie zur Verfügung haben und daß wir sie nicht schädigen. Wird dieses Ich vernachlässigt, macht es sich durch Verarmungs- und Karriereängste bemerkbar – wie jedes geschädigte Ich eine spezifische Quelle der Angst darstellt.

Es ist genau dieses Ich, das Herrn Mühsam bewußt macht, wie sehr er sich einschränken müßte, wenn er seinen guten Verdienst aufgeben würde – da lauert die unbarmherzige Verarmungsangst.

Ohne dieses erste Ich können wir gar nicht überleben. Es achtet darauf, daß unsere Grundbedürfnisse befriedigt sind und daß wir uns um unseren Lebensunterhalt kümmern. Erst wenn unsere Grundbedürfnisse befriedigt sind, kommt als gewaltige Macht die Sexualität ins Spiel. Das ist der Augenblick, in dem Frau Liebenswert die Attraktivität ihres Sekretärs entdeckt. Man könnte es auch so sehen: Nachdem mein Überleben sichergestellt ist, wende ich mich sogleich dem Du zu. Dieses sexuelle Ich könnten wir auch als unser soziales und erotisches Ich bezeichnen. Es ist das Ich, das unser Verhalten in den Situationen bestimmt, von denen alle die ebenso kitschigen wie beliebten Liebesromane handeln.

Daß wir jedoch nicht nur auf den anderen schauen, dafür sorgt unser drittes Ich, das kämpferisch eingestellt ist. Es gibt Herrn Mühsam die Energie, sich entschlossen durchzusetzen und sich beispielsweise rigoros mit Ellenbogen durch den Gang des Zuges zu kämpfen, als ginge es auf der Karriereleiter nach oben. Dieses Ich verteidigt unser Territorium und sagt: «Hier bin ich, das ist mein Reich. Wer es antastet, der bekommt es mit mir zu tun!»

Bei Eva Liebenswert zeigt sich dieses Ich emanzipatorisch: Es feuert sie an, ihre Bedürfnisse wahrzunehmen und die eigenen Interessen zu vertreten.

Nach dieser Abgrenzung muß das mitfühlende Ich für einen Ausgleich sorgen, denn sonst würden wir kämpfend vereinsamen, und die Welt wäre fürchterlich kalt. Dem mitfühlenden Ich gelingt es, die Welt mit den Augen des anderen zu sehen. Genau dieses Ich läßt in Frau Liebenswert ein schlechtes Gewissen entstehen, wenn sie Anna zur Verwahrung in den Kindergarten oder zu ihrer Mutter gibt. Anna spricht mit ihren herzzerreißenden Szenen direkt dieses Ich an, das ihr Verbündeter ist. Kinder wissen meistens intuitiv, daß das mitfühlende Ich unmittelbar auf sie reagiert. Sie sind Spezialisten im Umgang mit diesem Ich. Bei ihnen kann man lernen, wie man das mitfühlende Ich anspricht.

Als fünftes Ich tritt das kommunikative Ich auf, das ein Meister der Sprache ist. Da wir oft in Sprache denken, ist dieses Ich intellektuell sehr rege. Jenes Ich benötigen Frau Liebenswert und Herr Mühsam (wie alle Menschen unserer Gesellschaft), um erfolgreich arbeiten zu können, denn Arbeit ist heutzutage weitgehend Kommunikation.

Nach dem Intellekt und der Kommunikation bringt unser sechstes Ich die Intuition ins Spiel. Die Bilderwelten unseres Unbewußten machen sich auf dieser Ebene bemerkbar und sprechen zu uns in nächtlichen Träumen und Inspirationen. Dieses Ich hilft Frau Liebenswert bei ihrer Arbeit in dem bekannten Museum dabei, die Kunstwerke geschickt auszusuchen und medienwirksam zu präsentieren.

Das göttliche Ich ist unser Ober-Ich, jenes Ich, dem die Aufgabe obliegt, die anderen Ichs möglichst so zu beeinflussen und zu koordinieren, daß kein Chaos und kein Streit in uns ausbricht.

Ich nenne dieses Ich *göttlich,* da ich das Göttliche als eine ordnende Instanz ansehe. Es hat die Funktion eines Dirigenten, der die einzelnen Stimmen so einsetzt, daß sie möglichst harmonisch klingen.

Dieses Ober-Ich ist häufig unser Verbündeter in der Therapie oder in (Krisen-)Situationen, in denen wir um Klarheit ringen. Ist dieses Ich so stark, daß es alle seine anderen sechs Kollegen auf eine Linie festlegen kann, fühlen wir uns klar und harmonisch. Ist dieses Ich jedoch schwach, so daß es selbst richtungslos ist, fühlen wir uns wie ein schwankendes Rohr im Winde.

In verschiedenen Lebensphasen erstarken natürlicherweise unterschiedliche Ichs in uns. Es steigen einige Ichs mit unentrinnbarer Macht auf, um für einige Zeit das Zepter in der Hand zu halten. Andere Ichs treten diskret in den Hintergrund. Aber wie Völker und Kulturen im Laufe der Geschichte erstarken, um wieder in der Versenkung zu verschwinden, so geht es auch in unserem Inneren zu. Denn dieses Innere ist nichts als eine Widerspiegelung des Äußeren, wie auch im Äußeren das Innere ständig durchscheint.

Beim Baby und Kleinkind beherrscht natürlich das energetische Ich die ganze Person. Alles ist daraufhin ausgerichtet, daß seine Grundbedürfnisse nach Essen, Trinken und Wärme befriedigt werden. Ist das der Fall, stellt sich sogleich eine angenehme Zufriedenheit ein, da die übrigen Ichs noch schlummern. Als nächstes wacht mit der Trotzphase das kämpferische Ich auf, um das Kind bei seinen Trotzanfällen vollständig zu beherrschen und alle anderen Ichs – zum Leidwesen der Eltern – zu verdrängen. Einen solchen Anfall haben wir in unserem Beispiel bei Anna erlebt, als sie sich an ihre Mutter klammerte und für keine andere Kommunikation offen war. Mit der Pubertät meldet danach das sexuelle Ich seinen Führungsanspruch an, den es unter Umständen sehr lange, teilweise lebenslang behält. Wenn dieses Ich vernachlässigt und verdrängt wird, wird es uns ständig stören, wovon die Werke Sigmund Freuds zeugen, die er gleich im Auftakt unseres Jahrhunderts schrieb.

Das intuitive und das göttliche Ich kommen meistens erst in der zweiten Lebenshälfte voll zum Zuge, da vorher die mannigfachen Erfahrungen der anderen Ichs notwendig sind. Das weiß schon der Volksmund zu berichten, daß erst derjenige zur Ruhe und eventuell sogar zur Weisheit kommt, der «sich die Hörner abgestoßen hat».

In vielen Weisheitslehren ist man der Ansicht, daß man die beiden letzten Ichs sich erst bewußt erschaffen muß. Die anderen Ichs sind ohne unser Zutun einfach vorhanden und plappern ständig vor sich hin, was wir als inneren Dialog erleben. Dem intuitiven Ich und dem göttlichen Ich muß man erst einen Raum in sich bereiten, was durch die weitgehende Ausschaltung äußerer Impulse geschieht. Dadurch, daß man bewußt nach innen horcht, werden das intuitive und das göttliche Ich geboren. Auf der Stufe dieser beiden Ichs tritt der Mensch als Schöpfer auf.

Auf den Punkt gebracht, bedeutet das: In verschiedenen Lebensphasen treten unterschiedliche Ichs in den Vordergrund. Ideal wäre es, wenn ein Ober-Ich – das göttliche Ich – die Führung aller anderen Ichs übernehmen könnte. Das ist allerdings oft erst im späteren Leben möglich, da man zuvor zu innerer Ausgeglichenheit und Ruhe gefunden haben muß.

Der weise und gelassene Mensch zeichnet sich dadurch aus, daß alle seine Ichs harmonisch miteinander umgehen.

Streiten sich die verschiedenen Ichs in uns, fühlen wir uns hin- und hergerissen, wissen uns nicht zu entscheiden, und unsere Energien zerstreuen und mindern sich. In solchen Situationen wollen bei Herrn Mühsam das kämpferische und das geschädigte energetische Ich unbedingt die Karriere, während das intuitive Ich und die gesunde Seite seines energetischen Ichs sich verbünden, um Herrn Mühsam vor den Anstrengungen und Gesundheitsrisiken der Karriere gerade zu schützen.

Bei Frau Liebenswert sieht es nicht viel anders aus. Sie fühlt sich wie Herr Mühsam ständig müde und unzufrieden, denn der Kampf der Ichs wirkt wie der Biß des Vampirs: Er entzieht unbarmherzig Lebensenergien. Kind oder Karriere? So stellt sich vielen Frauen der energieraubende Kampf zwischen dem mitfühlenden und dem kämpferischen Ich dar.

Wie kann man solche grundlegenden Konflikte lösen, werden Sie sich fragen. Die einzige Lösung liegt meiner Erfahrung nach darin, es sich so deutlich und bewußt wie möglich zu machen, was sich im eigenen Inneren abspielt. Wenn Ihnen das klar ist, können Sie der Herr oder die Frau im eigenen Haus sein. Und wie man das macht, will Ihnen dieses Buch zeigen.

Wir leben in einem Zeitalter, in dem wir selbst und unsere Umwelt ständig dem psychologischen Blick ausgesetzt werden, und so erwarten wir in allen Situationen therapeutische Hilfe. Aber glücklicherweise geht das therapeutische Jahrhundert mit seinem Schatten der Krankheitsbesessenheit dem Ende entgegen. Vor lauter psychologischen Theorien und Heilungsversprechen kommt es nur selten zu einer konkreten Orientierungshilfe. Im posttherapeutischen Zeitalter, in dem Ärzten, Heilpraktikern und Psychologen nicht mehr das rechte Vertrauen entgegengebracht wird, sollte man sich wieder auf die ursprüngliche und einfache Sicht des Menschen besinnen. In der Tradition von Johann Wolfgang von Goethe (1749–1832) und dem armenischen Weisheitslehrer Georg Iwanowitsch Gurdjieff (1866–1949) biete ich Ihnen ein Modell an, das den einzelnen Menschen als eine Versammlung von sieben Ichs betrachtet, die unterschiedliche Bedürfnisse und Motivationen besitzen. Dieses einfache und anschauliche Modell wird Ihnen helfen, den Fluß oder die Blockaden Ihrer Energien besser zu verstehen und ändern zu können.

Die Entdeckung unserer ungeahnten Möglichkeiten

Alle Ihre sieben Ichs sollten sich im Ideal wie in einer produktiven Konferenz miteinander unterhalten und einigen können. Ist dies der Fall, dann fließen unsere Energien. Wir fühlen uns inspiriert und gelassen, weil wir unseren eigenen Energien vertrauen können. Besser noch wäre es, wenn alle unsere sieben Ichs sich gegenseitig lieben würden – aber bis dahin ist es noch ein weiter Weg. Den Zustand, in dem alle Ichs in Liebe harmonisiert sind, würde ich als Befreiung ansehen (wie sie der historische Buddha Sakyamuni in Lumbini unter dem Feigenbaum erreicht hat).

Man sagt bisweilen anerkennend von Menschen, daß sie eine positive Ausstrahlung besitzen. Diese Ausstrahlung ist das Ergebnis der lebendig miteinander kommunizierenden Ichs, die von einem Ober-Ich geleitet werden. Wenn unsere Ichs nämlich nicht mehr miteinander wie trotzige Kinder im Streit liegen, hören unsere innere Zerrissenheit und Unruhe auf, und Entscheidungen und Mißerfolge stürzen uns nicht mehr in einen Sog von Zweifeln und Krisen.

Jeder Mensch besitzt ein großes Potential. Obwohl er das meistens deutlich spürt, wird es leider häufig nicht gelebt. Die einen trauen sich nicht, ihre Möglichkeiten zu leben, die anderen ahnen ihr Potential nur vage. Das ist nicht nur schade, sondern es macht uns auch krank und unzufrieden. Da jedes unserer Ichs seinen eigenen Interessen blind verfolgt, haben wir keine Chance, unsere Möglichkeiten zu erkennen oder sie zu leben. Das innere Kriegsgerassel ist so laut, daß wir die feineren Stimmen unseres intuitiven und göttlichen Ichs gar nicht mehr hören.

In unserem Inneren geht es ähnlich zu wie in der Außenwelt: Wenn sich unsere Ichs miteinander vertragen, sich verstehen und aufeinander hören, dann wird – meistens plötzlich und unerwartet – ein großes kreatives Potential frei, und wir können leicht und mühelos unsere Möglichkeiten leben.

Wenn Sie ein Bedürfnis verspüren, fragen Sie sich stets, welches Ich dort spricht und wahrgenommen werden möchte. Schauen Sie sich die Bedürfnisse dieses Ichs bewertungslos an. Wenn Sie auf die Dauer so vorgehen, werden Ihre inneren Ichs zu guten Bekannten und Freunden von Ihnen, zwischen denen Sie als verständnisvoller Vermittler auftreten können. Auf diese Weise wird jedes Ich sich entfalten und Ihnen sein Bestes geben. Das bedeutet, daß Sie Ihr volles Potential leben und nicht nur auf Sparflamme dahinvegetieren.

Leider leben wir in einer Gesellschaft, die «bewertungsgeil» ist. Je nach Mode und Gruppenzugehörigkeit wird beispielsweise das sexuelle oder das intellektuell-kommunikative Ich bevorzugt. In der esoterischen Szene dagegen wird das intellektuell-kommunikative Ich verteufelt, weshalb es verständlicherweise Schwierigkeiten macht. Es zeigt sich in seiner minderwertigen Form und beginnt, grundlos zu kritisieren und zu nörgeln, oder hebt völlig in den luftigen, aber blutlosen Bereich der Theorie ab. Vor noch gar nicht so langer Zeit wurde wiederum das sexuelle Ich als niederes Ich betrachtet und kleingehalten, worauf es sich mit Hilfe der wildesten Phantasien – meist zum unpassendsten Zeitpunkt – bemerkbar machte. Dazu kommt noch, daß solch ein starkes Ich wie das sexuelle uns immer zu seiner Befriedigung zwingen möchte. Wir unterliegen so einem gewaltigen Zwang zur Sexualität, statt uns Partner und Situationen frei zu wählen und den Körper des anderen zu genießen.

Jedes Ich, das Sie nicht leiden können und deswegen ignorieren, drängt sich unaufhaltsam in den Vordergrund und stört Ihre Harmonie. Statt Ihr Potential zu leben, müssen Sie Ihre gesamte Energie mobilisieren, damit dieses Ich nicht über die Stränge schlägt und Sie beherrscht und abhängig macht. In solch einer Situation gibt es freilich wenig Möglichkeiten, sein Potential zu erkennen und zu leben. In dieser Situation haben Sie gar keine Energien mehr frei, um sich solch einen «Luxus» wie das Leben der eigenen Möglichkeiten zu leisten.

Freunden Sie sich aber mir Ihren inneren Ichs an, werden Sie sich wundern, welche Möglichkeiten in Ihnen schlummern und welche Freude es bereitet, diese auch konkret zu leben. Sein Potential zu fördern und seine Möglichkeiten ausleben zu können, ist keineswegs günstiger Zufall oder gar Zauberei, es ist vielmehr die Widerspiegelung einer inneren Haltung – nämlich der Haltung seinen sieben Ichs gegenüber.

Den Mut aufzubringen, seinen eigenen Energien zu folgen und somit sein volles Potential zu leben, ist vom Verständnis der eigenen inneren Dynamik abhängig. Wenn Herr Mühsam stets gestreßt ist und eigentlich lieber aus der Situation flüchten möchte, bekommt er Druck von seinem energetischen Ich, das stets auf Sicherheit bedacht ist und keine kühnen Fluchten zuläßt. Auf der anderen Seite wacht gerade dieses energetische Ich auch über die Gesundheit, die Herr Mühsam durch seine Arbeit gefährdet. Frau Liebenswert geht es ähnlich. Der ewige innere Streit um Kind oder Karriere läßt ihr keine freie Minute, um sich zu besinnen. Beide kennen den Grund für ihren inneren Zwiespalt nicht – wie so viele in unserer Gesellschaft. So unterdrücken sie je nach Situation das eine oder das andere Ich und machen es so erst richtig hungrig und gierig.

Wenn ein Ich keine Energie in Form von Aufmerksamkeit bekommt, dann blockiert es aus Rache den gesamten Energiefluß in unserem Inneren. Und so werden wir verwirrt, neurotisch, unzufrieden und letztendlich für uns selbst und unsere Umwelt völlig unausstehlich.

Der weise Mensch dagegen kennt die Bedürfnisse, Schwächen und Stärken seiner Ichs und beachtet fürsorglich und liebevoll jedes einzelne von ihnen. Er ist ihnen sozusagen ein guter Vater beziehungsweise eine gute Mutter. Dies ist im Grunde das einzige, was nötig ist, um seine Möglichkeiten zu leben und sich sicher entscheiden zu können. Es ist ganz einfach und doch so schwer umzusetzen.

Die Energiezentren des menschlichen Körpers

Gurdjieffs Lehre

Dieses Konzept der verschiedenen Ichs trat immer wieder zu verschiedenen Zeiten und in unterschiedlichen Kulturen auf. Am deutlichsten formulierte es Georg Iwanowitsch Gurdjieff, der in seiner «Lehre des vierten Weges» davon ausging, daß in jedem Menschen die unterschiedlichsten Ichs leben, die permanent miteinander kommunizieren. Diese Ichs stellen die Energiebewegungen der menschlichen Psyche dar, die dem einzelnen zu seinem Nachteil meist völlig unbekannt sind. Sie zeigen sich häufig im nächtlichen Traum als die illustren Traumpersonen. Deswegen hilft es beim Verständnis seiner Träume sehr, die einzelnen Traumpersonen einem dieser Ichs zuzuordnen.

Die ständige Kommunikation dieser unterschiedlichen Ichs können wir in unseren inneren Monologen und Dialogen wahrnehmen. Wenn Sie jetzt das Buch zur Seite legen und kurz Ihre Augen schließen, werden Sie ein erstaunlich lebendiges Geplapper wahrnehmen. Sie mögen das «meine Gedanken» nennen. Da redet und diskutiert es in Ihrem Kopf. Das sind die vielen Ichs, die zu allem ihren Kommentar abgeben. Da in diesen Gesprächen unsere unterschiedlichsten Ichs als Personifikationen unserer inneren Energien ihren Ausdruck suchen, ist dieser Dialog nicht zu stoppen. Erst wenn im Tod keine Energien mehr fließen, wird es ruhig, da unsere inneren Ichs sich aufgelöst haben. Solange wir leben, tauschen diese Ichs jedoch beständig Informationen untereinander aus. Man könnte diesen Informationsfluß als den Strom unserer Lebensenergie bezeichnen.

Gurdjieff geht wie ich davon aus, daß es das Ziel der harmonischen Entwicklung des Menschen ist, ein zentrales Ich auszubilden, das die anderen Ichs koordiniert. Nach Gurdjieffs Auffassung sind bei einem voll entwickelten Menschen – ein Ideal, das wohl selten einer erreicht – zwei Energiezentren vorhanden, von denen aus die unterschiedlichsten Ichs koordiniert werden. Er nennt sie das höhere emotionale und das höhere intellektuelle Zentrum. Diese beiden harmonisch zusammenarbeitenden Zentren müssen allerdings erst durch mühseligste und disziplinierte Bewußtseinsarbeit erzeugt werden. In diesem Buch haben Sie bereits diese beiden Zentren als das intuitive und das göttliche Ich kennengelernt.

Parallelität zwischen dem Modell Gurdjieffs und meinem Modell der sieben archetypischen Ichs:

Bezeichnung bei Gurdjieff	Bezeichnung in diesem Buch
intellektuelles Zentrum	kommunikatives Ich
emotionales Zentrum	mitfühlendes und kämpferisches Ich
Körperzentrum	energetisches und sexuelles Ich
höheres emotionales Zentrum	intuitives Ich
höheres intellektuelles Zentrum	göttliches Ich

Ich stimme Gurdjieff zu, wenn er betont, daß man seine unterschiedlichen Ichs dadurch harmonisiert, daß man sich ihrer bewußt wird. Diese Bewußtwerdung war die Arbeit, der sich Gurdjieff in seinem Institut in Fontainebleau (bei Paris) verschrieb.

Mich überzeugt dieser Ansatz schon deswegen, weil aus Gurdjieffs Institut hochkreative Personen hervorgegangen sind. Frank Lloyd Wright, der amerikanische Avantgarde-Architekt, war ebenso Gurdjieff-Schüler wie Lee Strassberg, der die *New York School of Acting* begründete und eine ganze Generation von Hollywood-Schauspielern – zu denen unter anderem Liz Taylor und Richard Burton gehörten – ausbildete. Schriftstellerinnen wie Doris Lessing und Catherine Mansfield fühlten sich stark von seiner Lehre angezogen, und selbst D. H. Lawrence stattete Gurdjieff einen Besuch ab.

Hier haben wir also einen Kreis hochkreativer Menschen, die nach Gurdjieffs Schulung in der Lage waren, ihre Energien frei fließen zu lassen. Denn Kreativität ist nichts anderes als der Ausdruck eines ungehinderten Energieflusses.

Gurdjieff starb vor etwa fünfzig Jahren, aber seine Ideen wurden seitdem oftmals wieder aufgegriffen, wie beispielsweise in den astrologischen Konzepten von Peter Orban, der ganz im Sinne Gurdjieffs unterschiedliche Personen oder Ichs im Menschen annimmt.

Die ostasiatische Lehre von den Chakras

Eine der ältesten Traditionen im Hinduismus und Buddhismus betrachtet den Menschen als beherrscht von sieben Energiezentren. Es handelt sich hierbei um die *Chakras* oder *Chakren,* die in der poetischen Sprache Indiens auch *Lotosblüten* genannt werden (*Chakra* ist die Sanskrit-Bezeichnung für *Wirbel* oder *Rad*). Diese sieben Chakras kann man als unterschiedliche Bewußtseinsstufen oder unterschiedliche Ichs ansehen. Wie gesund, lebendig oder kreativ ein Mensch ist, hängt von dem Energiefluß zwischen diesen sieben Zentren ab. Es wird angenommen, daß die Lebensenergie im unteren Zentrum – dem Wurzel-Chakra – ruht und durch unterschiedliche Übungen so aktiviert werden kann, daß sie im Idealfall durch alle sieben Zentren nach oben (und wieder zurück nach unten) fließt.

In späteren Zeiten und besonders in Indien ging man jedoch davon aus, daß der Mensch durch sein aufmerksames Gewahrwerden sich erst seine sieben Chakras erschafft. Das heißt, diese Chakras werden als das Ergebnis disziplinierter Aufmerksamkeitsschulung betrachtet. Mit meinen sieben Ichs verhält es sich im Grunde ebenso: Wenn wir auf diese sieben Ichs achten, entstehen sie sogleich in uns. Achten wir allerdings nicht auf sie, sind sie einzig als Möglichkeit vorhanden und warten nur darauf, wahrgenommen und somit ausgebildet zu werden.

Diese Lehre der sieben Energiezentren im menschlichen Körper trat zu verschiedenen Zeiten in den unterschiedlichsten Kulturen auf. Sie ist also als ein archetypisches Konzept anzusehen, das heißt als ein Konzept, das für alle Menschen dieselbe Bedeutung hat.

Die Lehre von den sieben Chakras wurde im Westen bekannt durch den Yoga. Hier gibt es bestimmte Körper- und Meditationsübungen, die diese Zentren speziell stimulieren. Da aber das regelmäßige Praktizieren komplexer Übungen nicht jedermanns Sache ist, habe ich mit den sieben Ichs ein Konzept gebildet, das dem westlichen Menschen näher steht als die ostasiatische Lehre des Yoga. Mein Konzept der sieben inneren Personen weist zwar viele Parallelen zu der Vorstellung der Chakras auf, aber ich halte es für anschaulicher als das doch eher abstrakte indische Konzept der Chakras. Dennoch kann man sich natürlich auch jedes der sieben Chakras als eine Person mit einem bestimmten typischen Charakter vorstellen. Mich hat die indische Malerei sehr beeinflußt, in der diese sieben Energiezentren als Götter und Göttinnen personifiziert dargestellt werden. Und da die Inder wie die alten Griechen ihre Götter als sehr menschlich charakterisierten, liegt es nahe, die sieben Chakras als sieben unterschiedliche Personen in uns anzusehen.

Für diejenigen, die sich im Yoga oder in der Chakra-Arbeit auskennen, sei hier die Parallele zwischen meinem Konzept der sieben Personen und den sieben Chakras veranschaulicht.

Parallelen zwischen dem klassischen indischen Chakra-Modell und den sieben Ichs meines Modells:

Indische Bezeichnung	Bezeichnung in diesem Buch
Wurzel-Chakra (*Muladhara*)	energetisches Ich
Sexual-Chakra (*Svadishthana*)	sexuelles Ich
Nabel-Chakra (*Manipura*)	kämpferisches Ich
Herz-Chakra (*Anahata*)	mitfühlendes Ich
Kehl-Chakra (*Vishuddha*)	kommunikatives Ich
Stirn-Chakra (Drittes Auge, *Ajna*)	intuitives Ich
Kronen-Chakra (*Sahasrara*)	göttliches Ich

Diese Zuordnung dient nur einer gewissen Orientierung; sie geht nicht hundertprozentig auf. Das energetische Ich erinnert beispielsweise an das Konzept des Wurzel-Chakras, es ist jedoch keineswegs dem Wurzel-Chakra gleichzusetzen.

Auf alle Fälle bieten jedoch die Chakras wie auch meine Lehre von den sieben Ichs in uns eine Kartographie von unterschiedlichen und grundlegenden Bewußtseinszuständen.

Der praktische Nutzen des Konzepts der sieben inneren Personen

Normalerweise erleben wir unsere Energien unbewußt als weitgehend undifferenzierte Bedürfnisse, die uns bedrängen. Wenn wir sie in der Form wahrnehmen, können wir sie nicht bewußt gestalten, lenken und einsetzen. Besitzen wir jedoch ein Raster, hilft es uns sogleich, diese inneren Energien differenziert wahrzunehmen, denn man sieht nur das, was einem in sein Konzept paßt. Das Konzept der sieben Personen bildet solch ein Raster, das zudem noch den Vorteil besitzt, sehr anschaulich zu sein.

Der erste Schritt zum bewußten Umgang mit unseren Energien liegt in ihrer differenzierten Betrachtung. Wenn man sich seiner unterschiedlichen Persönlichkeitsanteile bewußt ist, kann man gewisse Energien stärken und andere, die sich zu dominant ausdrücken, abschwächen. Schon allein das Bewußtsein der unterschiedlichen Energien harmonisiert diese.

Wenn ich mir über meine verschiedenen Persönlichkeitsanteile im klaren bin und sagen kann: «Da spricht mein energetisches Ich, und hier wehrt sich mein kämpferisches Ich», dann besteht der nächste Schritt darin, die Kommunikation der unterschiedlichen Ichs zu betrachten. Auf diese Weise kann ich wahrnehmen, welche Energien in mir frei fließen und welche blockiert sind. Das ist ganz einfach: Die Ichs, die sich niemals zu Wort melden, werden von den anderen Ichs blockiert, und zwar speziell von denen, die stets aktiv sind. Die ständig im Vordergrund stehenden Ichs schaffen also Blockaden, sie unterdrücken andere Ichs. Das läßt sich dadurch erklären, daß unser Inneres ein geschlossenes System darstellt. Ist in diesem System an einer Stelle zu viel Energie, dann fehlt diese Energie an einer anderen Stelle. Kehren wir wieder zurück zum Bild der Wohngemeinschaft der sieben Ichs: Wenn in dieser Wohngemeinschaft eines oder mehrere Ichs ständig im Vordergrund stehen, hat das die Konsequenz, daß andere Ichs wenig oder gar nicht zu Wort kommen. Sie können ihre Energie nicht ausdrücken. Wenn Ihr kämpferisches Ich zum Beispiel stets um Beachtung ringt, wird es Ihnen nur schwer möglich sein, auf Ihr mitfühlendes oder intuitives Ich zu hören.

Der ideale Zustand herrscht vor, wenn alle sieben Ichs relativ ausgeglichen zu Wort kommen, das heißt, ihre Energie ausdrücken können. Ein starkes göttliches Ich versucht, diesen Zustand herzustellen und zu erhalten. Kommen in der Wohngemeinschaft alle sieben Ichs ohne große Kämpfe natürlich zu Wort, lebt der entsprechende Mensch in seiner Energie – oder man könnte auch sagen: Er lebt sein volles Potential.

Weiß man um das Konzept dieser sieben Ichs, ist es möglich, das göttliche Ich bewußt zu stärken, um einen Ausgleich und eine Ordnung unter den einzelnen Ichs zu schaffen.

Und seien Sie sich darüber im klaren, daß es nichts zu erreichen gibt, das außerhalb dieser sieben Ichs liegt. Es kommt einzig und allein auf die Kommunikation dieser sieben Ichs in Ihnen an, die Ihre Welt bedeuten. Alles, was Sie suchen, ist in Ihnen schon vorhanden! Sie können auch die beiden höchsten Ichs – das intuitive und das göttliche Ich – nur deswegen schaffen, da sie als Anlage schon in Ihnen vorhanden sind.

Gehen Sie also mit Ihrem Inneren um, als befänden Sie sich in einer Gruppe unterschiedlichster Menschen: Unterstützen Sie die Schwachen und entziehen Sie den Starken öfters das Wort. Werden Sie der ideale Moderator, der Harmonie in seiner eigenen inneren Runde schafft. Das ist glücklicherweise gar nicht so schwierig, da Energien stets unserer Aufmerksamkeit folgen. Das Ich, dem Sie sich aufmerksam zuwenden, wird gestärkt. Das Ich, dem Sie Ihre Aufmerksamkeit entziehen, wird geschwächt.

Damit Sie sich diese sieben Personen, die Sie in Harmonie bringen wollen, anschaulicher vorstellen können, wird in jedem der folgenden Kapitel dieses Buches je eines dieser Ichs genau beschrieben. Es wird Ihnen als eine Person vorgestellt. Betrachten Sie sie wie eine Gestalt aus Ihren Träumen: Es ist eine Person, die in Ihrem Inneren lebt. Sie ist wichtig für Ihren kreativen Ausdruck, für Ihre Gesundheit und Ihr Wohlbefinden. Wer eine oder gar einige dieser Personen in sich ablehnt oder nicht beachtet, der schädigt sich selbst. Er mindert seine Lebensenergie und damit seinen kreativen Ausdruck und seine Möglichkeiten, Glück zu erfahren.

«Wie innen, so außen», heißt es in der hermetischen Vorstellung der Welt, die im Zeitalter des Barocks eine Blütezeit erlebte. Heute kommt die moderne Holographie zu demselben Ergebnis. Wenden wir diese Aussage auf unser Konzept der sieben inneren Personen an, folgt daraus, daß Menschen, die wir in der Außenwelt lieben, meistens jene Energien leben, die wir auch in uns unterstützen und fördern möchten. Menschen dagegen, mit denen wir Schwierigkeiten haben, entsprechen den Energien, mit denen wir hadern, die wir ablehnen oder nicht beachten. Das bedeutet, daß Sie Ihre Umwelt als Schlüssel zu Ihrem Inneren ansehen können. Wenn Sie mit Menschen in der

Außenwelt Schwierigkeiten haben, schauen Sie, welches innere Ich Sie an diese Person erinnert. Wie steht es mit diesem inneren Ich? Wenn Sie es stärken, wird sich auch Ihr Verhältnis zu den entsprechenden Personen bessern.

Dieses Buch möchte Ihnen helfen, Ihren Alltag effektiver, schwungvoller, inspirierter, spielerischer und nicht zuletzt auch lustvoller zu bewältigen. Dabei hilft Ihnen das Konzept der sieben Ichs, die sich in unser aller Brust tummeln. Allerdings ist bei diesem Buch – wie grundsätzlich bei allen psychologischen Büchern – eine Warnung angebracht. Wie der Philosoph vor der Wahrheit steht, so steht der Psychologe vor der Psyche: Beide ringen um die beste Erkenntnis, wohl wissend, daß es nie gelingen wird, das Gesuchte vollständig zu erfassen und zu erklären. Das Konzept der sieben Ichs halte ich für die beste Annäherung an das, was in uns Menschen vorgeht. Es ist ein Modell; und einzig Modelle bieten die Möglichkeit, sich mit uns selbst und dem anderen tiefgreifend auseinanderzusetzen. Letztendlich ist jedoch solch ein Modell stets nur eine Krücke, in diesem Fall aber eine äußerst hilfreiche Krücke, die uns hilft, ein paar Schritte weiter auf das Verständnis der Psyche hin zu tun. Sobald wir uns jedoch der Illusion hingeben, daß das Modell die Wahrheit sei, befinden wir uns auf Abwegen. Die sieben Personen gibt es natürlich nicht, wie es Sie und mich gibt. Oder haben Sie schon einmal Ihr energetisches Ich auf der Straße getroffen? Und es ist auch sehr unwahrscheinlich, daß Sie Ihr sexuelles Ich als Nachbarn bekommen werden – so sehr wir uns dieses auch manchmal wünschen.

Alle sieben Ichs leben in unserem Inneren, oder – besser gesagt – wir verstehen unser Inneres am besten, wenn wir den Tumult der verschiedenen Stimmen dort in sieben Ichs unterteilen. Seien wir uns also bewußt: Alles, was über die menschliche Psyche gesagt wird, ist ein Modell. Nur im Modelldenken können wir uns auf unserer Bewußtseinsstufe der Wahrheit des Menschen und seiner Psyche nähern. Aber lassen Sie sich keinesfalls durch diese Erkenntnis verwirren, sondern lassen Sie sich auf mein anschauliches Modell von den sieben Personen ein. Sie werden sich und andere weitaus besser verstehen als zuvor – und darum geht es uns doch!

Ein Tip vorweg

In den folgenden Kapiteln werde ich Ihnen jedes der sieben Ichs als eine Person vorstellen. Es hat mir großen Spaß gemacht, diesen inneren Personen Fleisch und Blut zu geben. Indem ich das tat, kam ich auch selbst unmerklich dem entsprechenden Ich näher und wunderte mich, wie präsent es doch in meinem Leben ist. Möge es Ihnen auch so gehen.

Ich möchte Ihnen empfehlen, daß Sie die Übungen, die Sie jeweils am Ende der Beschreibung der sieben Ichs finden, möglichst gleich durchführen oder zumindest einmal ausprobieren. Ich weiß (aus eigener Erfahrung), daß viele Leser solche Übungen zunächst überschlagen, da sie eifrig im Text weiterkommen wollen. Ich kann das gut verstehen. Aber vielleicht sehen Sie das als die erste Übung dieses Buches an, daß Sie sich die Übungen durchlesen und zumindest einmal ausführen. Vielleicht kann ich Sie damit locken, daß ich Ihnen vorab verrate, daß ich in den Beschreibungen der Übungen einige «Bonbons» versteckt habe. Sie finden dort nämlich noch zusätzliche Ausführungen zu dem entsprechenden Ich und wie man es in seinem Alltag erkennen und mit ihm umgehen kann. Wenn Sie auch noch so ein «Buchfreak» sind, sind Sie sich sicher darüber im klaren, daß Lesen nur im begrenzten Maße Erfahrungen vermitteln kann. Auf manche Erfahrungen muß man sich einfach praktisch einlassen. Dazu möchte ich Sie verführen.

Das energetische Ich

> Das Bewußtsein arbeitet mit verschiedenen Schwingungsfrequenzen, um eine Information zu empfangen. Anders als beim Radio, das immer nur eine Frequenz empfangen kann, auf die es gerade eingestellt ist, kann unser Bewußtsein verschiedenste Frequenzen oder Energien gleichzeitig aufnehmen – und auch abgeben – und auswählen, auf welche es reagieren wird.
>
> Stephano Sabetti

Das energetische Ich stellt sich vor

«Hallo, hier bin ich: Dein energetisches Ich ist da! Ich mag zwar klein wirken, aber mich zu übersehen wird dir schlecht, ja geradezu übel bekommen – manch einer überlebt das nicht. Jetzt entstehe ich hier als kleines, zugegebenermaßen etwas feistes Mädchen mit zwei blonden Zöpfen vor deinem inneren Auge. Aber meinst du, du könntest mit meiner Energie mithalten? Ich bin deine Energie! Ja, da staunst du: Ohne mich läuft nichts. Ich achte darauf, daß deine – und natürlich auch meine – Grundbedürfnisse befriedigt werden, und bin deswegen stets darum bemüht, Essen und Trinken in meiner Nähe zu haben. Daß es warm ist und wir ein Dach über dem Kopf haben, dafür setze ich mich auch ein. Ich gebe dir überhaupt erst die Energie, daß du dir Essen, Trinken und diese Wohnung hier leisten kannst. Denn mit der Energie, die ich dir gebe, stehst du morgens auf und gehst arbeiten. Ich sorge dafür, daß du nicht einfach faul im Bett liegenbleibst; ich stachele dich an, für deinen Lebensunterhalt zu sorgen und nicht unter der Brücke zu landen.»

«Bist du dann diejenige, die stets ein fürchterliches Theater macht, wenn das Essen nicht schmeckt und der Kaffee zu kalt ist? Bist du nicht jenes quengelige Gör in mir, das unausstehlich wird, wenn es nicht bekommt, was es will?»

«Jetzt lehnst du mich wieder ab. Das ist schön dumm von dir, denn wenn du mich ablehnst, dann liefere ich dir keine Energie mehr. Du wirst schlaff und schlaffer und irgendwann auf deinem Sofa liegend verelenden. Und auf deiner Beerdigung werde ich tanzen und auf die Bäume klettern und dir im Sarg noch eine lange Nase machen. Schade, daß du dich dann nicht mehr ärgern kannst! Aber ich bin der Erde verwandt, und meine Würmer werden sich durch dich hindurchfressen.»

Dieses kleine, freche Mädchen, das teils an Pippi Langstrumpf erinnert, ist Ihnen doch bestimmt bekannt – oder? Falls nicht, wird es höchste Zeit, seine nähere Bekanntschaft zu machen. Das energetische Ich stellt – wie sein Name schon besagt – die Quelle Ihrer Lebensenergie dar. Es hält Sie gesund und aktiv; es läßt Sie bisweilen zu Ihrem eigenen Erschrecken viel zu kühn werden, und dann verschreibt es Ihnen wieder Ruhe. Besonders wenn Sie wie Herr Mühsam vor lauter Streß ganz krank werden, mahnt es Sie, doch endlich innezuhalten. In solchen Gefahrenmomenten bremst das energetische Ich und tritt so geradezu als Ihr Schutzengel auf. Ist es allerdings geschädigt, sucht es Sie als grenzenlos gieriges Mädchen heim, das ständig in der Illusion lebt, daß ihm etwas fehlt oder daß es zu kurz kommt.

Dieses energetische Ich repräsentiert den animalischen oder kreatürlichen Teil in Ihnen, gegen dessen Anforderungen zu leben sich niemand ungestraft leisten kann. Wenn Sie der Wildheit in sich keinen Raum geben, zerstören Sie Ihre Lebensquelle. Freilich ist es oftmals gar nicht so einfach, den Anforderungen dieses Ichs nachzukommen. Da hemmen uns Sicherheitsängste und Konventionen, die uns stets vorgaukeln, daß es mit bösen Mädchen und frechen Jungen bald bergab gehen wird. Aber glücklicherweise beweist der Blick auf die Realität das Gegenteil: Wer seine wilden Energien zu leben wagt, der zieht die entsprechenden Menschen an, die ihm weiterhelfen und ihn fördern werden.

Unsere Eltern sagten immer, daß man so in der Gosse oder bestenfalls unter der Brücke landen würde, aber diese Ängste sind von der Erziehung einer früheren Generation geprägt, die große Schwierigkeiten mit dem Ausdruck dieses energetischen Ichs hatte. Im viktorianischen Zeitalter mit seiner strengen Moral – die natürlich immer auch die Unmoral herausforderte – war das energetische Ich nicht geduldet, es sei denn, es drückte sich diszipliniert in strenger Arbeitsmoral aus. Aber eigentlich ist eine solche Disziplin unserem energetisch-kreatürlichen Ich fremd. Dieses Ich möchte sich lieber am Leben erfreuen, sich spüren und Grenzen überwinden.

Das Zitat, mit dem dieses Kapitel beginnt, stammt von einem der führenden zeitgenössischen Bewußtseinsforscher und verweist auf die ungeheure Flexibilität unseres energetischen Ichs: Es kann alle möglichen Energien unserer Umgebung zugleich erfassen und mit ihnen umgehen, während es sich selbst in den unterschiedlichsten Energien ausdrücken kann. Das hört sich zunächst einmal erschreckend abstrakt an. Was heißt das denn konkret? Es bedeutet für unser Alltagsleben, daß unser energetisches Ich im Grunde auf jede Form von Aktivität reagieren kann und umgekehrt auch an jeder Form von Aktivität beteiligt ist. Es hängt von unserem Bewußtseinszustand ab, worauf dieses Ich reagiert und wie es seine Energien ausdrücken darf.

Vielleicht ist das besonders Verwirrende an diesem Ich, daß es sich ständig wandeln kann: Gerade noch drückte es sich als zappeliges Mädchen körperlich aus, und schon bemerken wir einen Umschlag unserer Gefühlslage und das plötzliche Auftauchen von Gedanken, mit denen wir ungefragt bombardiert werden. Dieser ständige Wechsel ist typisch, da Energie permanent ihren Zustand ändert. Das energetische Ich lehrt uns, daß das einzig Beständige die Veränderung ist, und das hört man im Zeitalter der Versicherungen äußerst ungern.

Die Vernachlässigung

Wenn eines unserer Ichs vernachlässigt wird, rächt es sich bitter, indem es sich nur noch in seiner minderwertigen Form zeigt. Diese minderwertige Form kann einem schon sehr zusetzen.

Je nachdem wie stark dieses Ich ausgeprägt ist, wird es sich entweder fürchterlich selbst verleugnen und dabei ganz schwach und bremsend wirken. Es zeigt sich in Befürchtungen und Ängsten. Oder es wird sich mit aller Macht in den Vordergrund drängen, und zwar besonders gern in ungeeigneten Situationen, in denen wir von einem verführerischen Außenimpuls fasziniert und abgelenkt sind.

Alle negativen Formen dieses Ichs sind auf die Angst zurückzuführen, den Boden unter den Füßen zu verlieren. Das ist auch der Kern von Herrn Mühsams Angst: Er befürchtet, seine finanzielle Lebensgrundlage zu verlieren. In unserer heutigen Gesellschaft der wirtschaftlichen Unsicherheit werden solche Ängste besonders angesprochen, und ein vernachlässigtes energetisches Ich gerät da leicht in Panik.

Wer unter solchen Schwächeanfällen seines Ichs leidet, der sollte sich ein Schild mit der Aufschrift «Kein Grund zur Panik» an seinem Arbeitsplatz aufstellen, um sich daran zu erinnern, daß er sich liebevoll um sein energetisches Ich bemühen sollte. Da ist Energie, die emotional, körperlich oder zumindest intellektuell ausgedrückt werden möchte.

Psychische Probleme

Es gibt nichts Gutes, außer man tut es.

Wilhelm Busch

Geben wir diesem energetischen Ich zu wenig oder gar keinen Lebensraum, werden wir schüchtern und verzagt durchs Leben gehen. Wir trauen uns nicht, unser Potential zu leben. Im Extremfall wollen wir von unseren Möglichkeiten gar nichts wissen. Wir befürchten, daß die Forderungen dieses mächtigen Ichs nur Unruhe in unser Leben bringen und uns auf Abwege locken könnten. Die Angst entsteht, daß wir die geordneten Bahnen unseres Lebens verlassen und gar zum Außenseiter werden. Wer sich mit diesem Ich nicht anfreunden kann, der macht sich auch die wildesten Vorstellungen darüber, was alles geschehen könnte, wenn man sein eigenes Potential leben würde. Ich kann Sie aber beruhigen, leider bleibt die Realität hinter solchen Vorstellungen zurück. Wenn Sie vom wilden Leben träumen, dann hören Sie zumindest die verzerrten Rufe Ihres zu kurz gekommenen energetischen Ichs.

Im ablehnenden Umgang mit dem energetischen Ich tritt ein spezielles Phänomen auf: Wovor wir uns am meisten fürchten, das sollten wir tun, wir ziehen es nämlich sowieso an. Die Angst sollte unser Wegweiser sein!

Es ist erstaunlich, wie viele Menschen Angst vor ihrer eigenen Stärke, Kraft und Energie haben. Statt sich an den eigenen Energien zu erfreuen und sie zu genießen, lebt man lieber frustriert auf Sparflamme. Das ist der Weg des Masochisten, der im Leiden und Versagen mehr Glück zu erfahren hofft als in der Spontaneität, Freude und Begeisterung. Diese Haltung wird von unserer Gesellschaft allerdings stark unterstützt. So bauen die Medien stets die Identifikation mit dem armen Opfer auf und verteufeln die bösen Täter. Um uns von unseren mächtigen eigenen Energien fernzuhalten, werden uns immer mehr griffige Instant-Ausreden angeboten, die sich wie das Fähnchen im Wind des Zeitgeistes drehen. In den sechziger Jahren konnte man seine Energien nicht leben, da der böse Kapitalismus dies verhinderte. In den siebziger Jahren wurde unter dem tiefenpsychologischen Blick die vereinnahmend manipulierende Mutter als Ausrede angeführt: «Mami hat uns den Kontakt mit unserem energetischen Ich aberzogen!» jammerten Softis in den Büchern und Medien. Allerdings wurde Mami schnell – nicht ohne den Einfluß der Frauenbewegung – vom abwesenden Papi abgelöst, der jetzt zum Bösewicht wurde, weil er unsere Entfaltung behindert hat. In den neunziger Jahren haben wir wieder einen neuen Feind gefunden, der unseren Kontakt mit dem energetischen Ich verhinderte: Die bösen Onkel und die frustrierten Tanten, die uns falsch berührt haben.

All das mag mitspielen bei unserer Angst vor unserem energetischen Ich. Der wahre Kontakt mit unserer Lebensenergie kommt jedoch erst dann zustande, wenn wir selbst Verantwortung dafür übernehmen, daß wir uns blockieren und Angst vor unseren abgrundtiefen Energien zeigen. Natürlich sind wir alle von der Gesellschaft, den Eltern und wem nicht noch alles mißbraucht worden, aber es ist verhängnisvoll, in dieser Opferrolle zu verharren. Der Schlüssel zu unserem energetischen Ich liegt darin, daß man die Opfermentalität in ein Täterbewußtsein verwandelt. Einzig und allein damit stellt man den Kontakt zu diesem wilden, gänzlich undomestizierten Mädchen in uns wieder her.

Wenn Faust zu Anfang der gleichnamigen Tragödie –

und der *Faust* ist wahrlich eine zutiefst deutsche Tragödie – den Beginn des Johannes-Evangeliums mit «Im Anfang war die Tat» übersetzen möchte, hat er genau erfaßt, worum es im Umgang mit unseren Ur-Energien geht: Man muß etwas mit ihnen tun; sie müssen ausgedrückt werden. Die berühmte Jung-Schülerin Marie-Louise von Franz meinte einmal, daß die Faulheit ein Gängelband sei, mit dem die Große Mutter uns zu sich zurückholt. Die Faulheit ist ihr größter Zauber, der uns von unserer eigenen Energie entfernt.

Wer sein energetisches Ich vernachlässigt, muß mit folgenden psychischen Problemen rechnen:

- Er identifiziert sich mit der Opferrolle, wodurch er die Verantwortung für den sorgsamen Umgang mit seinen kreatürlichen Energien abgibt.
- Seine Lebensenergien finden keinen Raum, sich direkt und positiv auszudrücken, also wenden sie sich gegen einen. Das führt im Extrem zu psychosomatischen Erkrankungen oder gar zu Krebs (wie der Freud-Schüler Wilhelm Reich annahm).
- Den unterdrückten Lebensenergien wird kein Raum zu ihrer Entwicklung gegeben, weswegen sie sich zunehmend in minderwertiger Form zeigen, um unser Alltagsleben erheblich zu stören.
- Da man seine Lebensenergien außer im Tod niemals vollständig abschalten kann, melden sie sich – gerade weil sie nicht beachtet werden – ständig und lassen uns frustriert und hochgradig unzufrieden zurück.

Körperliche Probleme

> *Denn die, die sich mit Arbeit umbrachten, statt sie gelingen zu lassen, machten einen viel besseren Eindruck auf die Personalchefs.*
>
> Sten Nadolny, *Ein Gott der Frechheit*

Jedes Ich, dem kein Raum des Ausdrucks gegeben wird, meldet sich auch auf der körperlichen Ebene. Es ist heute schon fast eine Platitüde zu schreiben, daß Körper, Gefühl (Seele) und Bewußtsein (Geist) eine Einheit darstellen. Jeder weiß es, aber erstaunlicherweise richtet nur selten jemand konsequent sein Leben an dieser Erkenntnis aus. Wenn man seine Beziehungen zu seinen wilden Energien vernachlässigt, zeigt das natürlich auch körperliche Auswirkungen. Die ersten Anzeichen sind eine spezielle körperliche Müdigkeit und eine Anfälligkeit für Infektionskrankheiten. Typischerweise wird man zunächst von Erkältungen oder grippalen Infekten geplagt. Und wie die Nase verstopft ist, so ist auch der gesamte Ausdruck der Lebensenergie «verstopft». Die volle Lebenskraft will nicht aus einem herausfließen, und so ist es kein Wunder, wenn man die Nase von diesem beschränkten Leben voll hat. Man hustet dem Leben etwas, statt sich ins volle Menschenleben einzumischen. Das kann man sowieso nicht, denn im geeigneten Moment ist man ja doch müde oder bekommt seine Migräne, die einem jegliche Rechtfertigung gibt, sich leidend vom Leben ins abgedunkelte Zimmer zurückzuziehen. Freilich ist das schon ein pikanter Vorgeschmack des Todes, allerdings wird es im Sarg noch etwas finsterer werden.

Was ich hier ironisch beschrieben habe, ist die passive

Seite der Reaktion auf die Unterdrückung unserer Lebensenergie. Wahrscheinlich eher aus Gründen der Erziehung als aus ihrem Wesen heraus scheinen Frauen diesem Reaktionstyp eher zuzuneigen – was sich allerdings allmählich mit der Generation der bösen Mädchen ändert.

Die aktive Reaktion auf den Verlust des Kontakts mit seinem energetischen Ich ist der – meist selbstproduzierte – Streß mit allen seinen körperlichen Symptomen. Wie wir am Beispiel von Herrn Mühsam sahen, ist dieser Streß die Folgeerscheinung einer gewissen erreichten Position im Leben. Wer keinen Streß hat, der ist nicht wichtig, scheint das ungeschriebene Gesetz unserer Gesellschaft zu lauten. Also gehört der Streß zum Image dazu, obwohl zugegebenermaßen beispielsweise eine gute Sekretärin oder eine durchdachte Büroorganisation den Streß wenn nicht gar aufheben, so doch vermindern könnte. Streß führt – wie wir alle wissen – auf die Dauer zu den streßbedingten Erkrankungen, deren bekannteste der Herzinfarkt oder das Magengeschwür sind. Mit ihnen bremst unser Körper nachhaltig unsere Aktivitätssucht. Vielleicht wird dem Betroffenen dann endlich deutlich, daß der Wirbel der äußeren Aktivität nichts anderes als das verzerrte (minderwertige) Abbild der inneren Energie darstellt.

Will man jedoch im Außen den Bezug zu seinen Innenwelten kompensieren, verkommt diese Kompensation zur Sucht. Die Gier bricht aus! Und mit der Erkrankung der Arbeits- und Imagesucht befindet man sich in den feinsten Kreisen – wie einem spätestens in der gepflegten Reha-Klinik klar wird.

Sehr beliebt sind unter den Streß-Symptomen auch die Schlafstörungen und hier speziell die Einschlafstörungen. Man kann gar nicht mehr zur Ruhe kommen, da das körperliche System wie ein Perpetuum Mobile nicht mehr abzustellen ist. Als allererste Symptome des Kontaktverlustes zu seinem energetischen Ich zeigen sich zumeist Störungen des natürlichen Schlafrhythmus. Man bekommt die Chance geboten, in jenen traumlosen Nächten über den pervertierten Umgang mit seinen Energien nachzudenken. Vielleicht wird einem mit zunehmendem Leidensdruck bewußt, wie man sein energetisches Ich ständig mißbraucht. Im Grunde ist man ihm suchthaft verfallen, so als sei es Lolita, die kühl den Niedergang ihres Vater-Liebhabers beobachtet.

Wer sein energetisches Ich vernachlässigt, muß – zumindest auf die Dauer – mit folgenden körperlichen Problemen rechnen:

Passiver Reaktionstyp
- Erhöhte Müdigkeit und unnatürliches Schlafbedürfnis (von über acht Stunden täglich)
- Zunehmende Anfälligkeit für Infektionen, besonders für Erkältungen und grippale Infekte
- Kopfschmerzen bis hin zur Migräne

Aktiver Reaktionstyp
- Arbeitssucht mit dem Problem dauernder körperlicher Anspannung
- Streßbedingte Krankheiten wie beispielsweise Magengeschwür oder Herzinfarkt
- chronische Schlafstörungen

Die Bejahung

Die Bejahung seiner Energien und somit der Kontakt mit seinem inneren Ich bedeutet stets, daß man ein konkretes Ziel hat, wofür man diese Energien einsetzen möchte. Unsere inneren Ichs möchten als Partner im Alltagsleben gebraucht werden. Wenn Sie keine Vision besitzen, wofür Sie Ihre Energien nutzen möchten, wird Ihnen der Zugang zu diesen Energien versperrt sein.

Machen Sie sich also zuerst Ihre wahren Vorstellungen und Wünsche für Ihr zukünftiges Leben bewußt. Nehmen Sie sich dann regelmäßig zwei- bis dreimal täglich vor, Ihre Energien für diese Ziele voll einzusetzen. Mit ein wenig Phantasie können Sie sich vorstellen, wie das kleine Mädchen Ihnen unbegrenzte Energien bereitstellt, die Ihnen bei der Verwirklichung Ihrer Vision nutzen werden. Das Leben lehrt uns nämlich, daß Ziele und Visionen eher spielerisch als mühevoll erreicht werden.

Wer sein energetisches Ich bejaht und mit ihm einen freundschaftlichen Kontakt pflegt, dem stehen all die Energien zur Verfügung, die er braucht, um sich und seine Lebensziele zu verwirklichen. Wird das energetische Ich bewußt wahrgenommen und anerkannt, scheint es ein unversiegbarer Quell der Energie zu sein. Es ist nämlich typisch für diese Lebensenergie, daß ihr Strom um so stärker fließt, je mehr sie genutzt wird. Wenn Sie es wagen, Ihre Energien nicht mehr zu verstecken, dann wachsen sie und verlieren zugleich ihre minderwertige Form.

Eine Aktivierung und Bejahung dieser grundsätzlichen Lebensenergie stärkt Ihre physische und psychische Gesundheit und Ihre Abwehrkräfte (Immunsystem). Sie werden leichter den alltäglichen Streß verarbeiten können und selbst dann noch überlegt handeln, wenn um Sie herum alles «drunter und drüber geht». Außerdem wird durch den Kontakt mit Ihrer Lebensenergie Ihr Optimismus gestärkt, und depressive Verstimmungen werden Sie nur noch selten – wenn überhaupt – heimsuchen.

Wie Sie sehen, lohnt es sich, mit unserem energetischen Ich Kontakt aufzunehmen. Es ist ein Schlüssel auf dem Weg zum Erfolg, zur stabilen Gesundheit und zum persönlichen Wohlbefinden. Zugleich scheint sich hierdurch der Alterungsprozeß zu verlangsamen, und unserer Umwelt fällt unsere jugendliche Ausstrahlung auf.

In Tibet gibt es seit Jahrtausenden bestimmte Gruppen von Tantrikern (Yogis), die alles darauf anlegen, unsterblich zu werden. Es ist zwar kein einziger Fall bekannt, in dem die physische Unsterblichkeit erreicht wurde, aber es flammen immer wieder Gerüchte auf, daß diese Tantriker zwei- bis dreihundert Jahre alt werden. Selbstverständlich wird hier der Wunsch als Tatsache dargestellt. Es fällt jedoch auf, daß die Yogis hauptsächlich mit ihrem energetischen Ich arbeiten, um ihren Körper möglichst ständig mit dieser Energie zu durchfluten. Was diese meist erschreckend asketisch lebenden Yogis betreiben, kann auch dem westlichen Menschen helfen, seine Energien zu nutzen und zu zentrieren. Wie Sie dabei am besten vorgehen, das zeigen Ihnen die einfachen Visualisierungen, die im folgenden Abschnitt ausführlich beschrieben werden.

Wenn Sie mit Ihrem energetischen Ich freundschaftlich und harmonisch verkehren, werden Sie wahrscheinlich von Ihren Mitmenschen wegen Ihrer schier unerschöpflichen Energie bewundert werden. Sie strahlen Lebenskraft und

Optimismus aus, um die andere Sie beneiden. Oftmals wirken Sie viel jugendlicher, als es Ihrem wirklichen Alter entspricht. Als ewiger Jüngling oder ewiges Mädchen schreiten Sie durch Ihr Leben, und das Alter scheint wenig Macht über Sie zu besitzen.

Können Sie sich in dieser Beschreibung wiederfinden und sind Ihnen Energieprobleme fremd, dann brauchen Sie die folgenden drei Übungen nicht durchzuführen. Sie werden für Ihr Weiterkommen nicht notwendig sein. Wenden Sie sich lieber den Übungen zur Stärkung der anderen Ichs zu, denn Ihr energetisches Ich ist stark genug.

Übungen

Alle die hier und im weiteren Verlauf des Buches vorgestellten Übungen nehmen niemals mehr als eine halbe Stunde Zeit in Anspruch und sind somit für jeden Menschen regelmäßig durchführbar. Es wird auch niemandem schwerfallen, die vorgeschlagenen Bilder vor dem geistigen Auge zu erzeugen. Dabei brauchen Sie sich das innere Bild nicht photographisch genau mit geschlossenen Augen anzusehen, sondern es genügt schon, sich auf das Bild zu konzentrieren oder intensiv daran zu denken. Setzen Sie sich mit diesen Imaginationsübungen auf keinen Fall unter Druck. Sie sind ein Wesen Ihrer Phantasie und mit den Phantasie-Wesen geht man spielerisch um; alles andere verschreckt und verscheucht sie.

Ich stelle hier «nur» Imaginations- oder Aufmerksamkeitsübungen vor, da diese äußerst wirkungsvoll sind und die Materie – also auch unser Körper – immer den inneren Bildern folgt. Den meisten Menschen unserer Kultur wird es nicht schwerfallen, Zeit für solche Imaginationsübungen zu finden. Sie können nämlich gut in öffentlichen Verkehrsmitteln auf der Fahrt zur Arbeit oder auf Reisen im Zug oder Flugzeug durchgeführt werden. Überall dort, wo man warten muß, können sie ebenfalls praktiziert werden. Hat man sie in einem geschützten Raum erst einmal erlernt, kann man sie auch im größten Trubel durchführen, um sich wieder zu stabilisieren und mit seinen Energien in Kontakt zu treten.

Der Fluß der Kraft
Grundübung zum Kontakt mit seinem energetischen Ich
Dauer der Übung: etwa fünf Minuten
Schwierigkeitsgrad: für Anfänger geeignet

Machen Sie sich jeden Morgen bewußt, daß Sie ein unbegrenztes Energie-Reservoir besitzen, das Sie nur anzapfen müssen. Diese Energie wartet darauf, von Ihnen genutzt zu werden. Im Sinne der Physik könnte man hier von der potentiellen Energie sprechen, die in die kinetische Energie der Handlung umgesetzt werden will. Diesen Umsetzungsprozeß können Sie erleichtern, wenn Sie Ihr Gewahrsein auf das untere Ende Ihrer Wirbelsäule konzentrieren. Dort, in dem Bereich, den die Inder das Wurzel-Chakra (*Muladhara*) nennen, ruht Ihre Energie und wartet darauf, von Ihnen entdeckt, angesprochen und genutzt zu werden. Das geschieht dadurch, daß Sie sich auf das Gebiet Ihres Kreuz- und Steißbeins konzentrieren und sich vorstellen, wie von dort ein Energiestrom durch Ihren ganzen Körper fließt, um ihn mit Energie spürbar aufzuladen.

Für diese Visualisation legen oder setzen Sie sich an einen Ihnen angenehmen Platz und schließen Ihre Augen. Versuchen Sie nun, das Ende Ihrer Wirbelsäule zu erspüren, um dort bewußt tief und regelmäßig hineinzuatmen. Bei diesem entspannten Atmen spüren Sie Ihre Energien dort als Wärme oder als ein eigenartiges Kribbeln. Sobald sich diese Empfindungen einstellen, gehen Sie in Ihrer Imagination weiter: Visualisieren Sie nun, daß vom Ende Ihrer Wirbelsäule ein mächtiger Strom in beide Richtungen – nach oben und nach unten – fließt. Stellen Sie sich das energetische Ich einfach in Gestalt eines Sees im Gebiet von Kreuz- und Steißbein vor. Aus diesem See fließen die beiden Flüsse nach oben und nach unten, um sich auf ihrem Weg immer wieder in kleinere Bäche zu verzweigen. Durch diese Verzweigungen erreicht der Strom Ihrer Lebensenergie auch die äußersten Zellen Ihres Körpers bis in Ihre Finger- und Zehenspitzen hinein. Stellen Sie sich also vor, wie mit jedem Atemzug der Strom der Energie in alle Ihre Körperteile fließt. Sie nehmen das vielleicht als leichtes Kribbeln in Ihren Zehen- und Fingerspitzen wahr.

Auf dieses Bild richten Sie für etwa zehn Atemzüge Ihre Aufmerksamkeit und kehren darauf langsam wieder zu Ihrem Alltagsbewußtsein zurück und freuen sich an der Energie, die Ihnen jetzt zur Verfügung steht.

Identifikation mit dem energetischen Ich

Aufbauende Übung für den Kontakt mit dem energetischen Ich

Dauer: maximal fünf Minuten – es kommt nicht so sehr auf die Länge, sondern auf die Intensität der Übung an

Schwierigkeitsgrad: für Anfänger und Fortgeschrittene geeignet

Als ich Ihnen das energetische Ich vorstellte, trat es Ihnen als wildes Mädchen entgegen – Sie erinnern sich: ein freches Energiebündel. Werden Sie in Ihrer Imagination zu diesem Mädchen, indem Sie sich vorstellen, daß es in Ihnen größer und größer wird und Sie strahlend ausfüllt. Wenn das Mädchen auf diese Weise durch Ihre Person hindurchscheint, stellen Sie sich vor, wie Sie die leuchtende Kraft dieses Mädchens ausstrahlen. Wie die Strahlen der untergehenden Sonne, geht eine goldene Energie von Ihnen aus, und alles, was von ihren Strahlen berührt wird, steht Ihnen zur Verfügung. Mit der Magie Ihrer Ausstrahlung können Sie sich jetzt Ihre ideale Welt erschaffen.

Interessanter ist es jedoch, diese Ausstrahlung zu benutzen, um Ihre persönlichen Ziele in Ihrer Vorstellung zu erreichen. Sie werden bemerken, daß Ihr energetisches Ich, dieses kecke Mädchen, Sie nach solchen Vorstellungen wirklich in Ihrem Alltagsleben begleiten wird und spielerisch Angelegenheiten für Sie zu regeln scheint.

Diese Übung kann in jeder Situation durchgeführt werden, in der Sie nicht anderweitig kommunizieren. Ob Sie

sie im Stehen, im Sitzen, im Liegen oder beim Gehen ausführen, spielt für ihre Wirkung keine Rolle.

> **Die Energieleiter**
> *Aufbauende Übung für die Bildung von Lebens- und Geschäftsvisionen*
> Dauer: etwa fünf bis zehn Minuten
> Schwierigkeitsgrad: für Fortgeschrittene geeignet

Diese Übung ist von der bildhaften Darstellung unseres energetischen Ichs in der indischen Malerei geprägt. Dort wird unser energetisches Ich häufig als ein Mädchen dargestellt, das unsere Wirbelsäule hinaufklettert. Es hilft Ihrer Konzentrationsfähigkeit enorm, wenn Sie mit geschlossenen Augen imaginieren, daß dieses Mädchen bis in Ihren Kopf emporsteigt, um dort Ihre Vorstellungen und Imaginationen zu fördern. Wenn Sie dabei Ihre Wirbelsäule wie eine Leiter sehen, hilft Ihnen das bei dieser Vorstellung, die Sie wie die vorausgehende Übung in jeder Situation durchführen können. Allerdings empfiehlt es sich, diese Übung zunächst in geschützter Umgebung gut einzuüben, bis man sie im ablenkenden Trubel der Welt durchführt.

Die Visionen, die Ihr energetisches Ich in Ihrem Kopf auslöst, sollten jedes Mal nach dem Ausführen dieser Übungen wie ein Traum niedergeschrieben werden. Man kann sie deuten oder nur wirken lassen. Das Niederschreiben ist wichtig, um später eine Entwicklung nachvollziehen zu können.

An dieser Übung ist auch Ihr intuitives Ich beteiligt, das

sich immer hilfreich in Visionen äußert. Bei den Übungen zum intuitiven Ich finden Sie noch eine weitere Übung zur Visionsbildung. Es empfiehlt sich, die Übungen für das energetische Ich und jene Übung für das intuitive Ich regelmäßig abwechselnd durchzuführen, wenn man eine Lebensvision beziehungsweise ein großes Ziel für seine Lebensenergie braucht. Unser energetisches Ich wächst mit der Existenz eines Ziels.

Das sexuelle Ich

Alle Volksweisheit läuft darauf hinaus, daß die Minne eine unwiderstehliche Kraft sei, die abzuweisen vernichtende Folgen habe.

Wilhelm Mühlmann

Das sexuelle Ich stellt sich vor

«Hallo, Liebling, ich bin dein sexuelles Ich. Mit mir haben – leider – erstaunlich viele Menschen Schwierigkeiten: Entweder sind sie völlig in mich verliebt und denken immer nur an das eine – nämlich an meine Befriedigung – oder sie wollen nichts von mir wissen, gucken weg und verachten mich. Das ist die Auswirkung all der körperfeindlichen Propaganda der christlichen Kirche, die mit mir schon immer die größten Schwierigkeiten hatte. Und das, obwohl ich die archetypische Kraft der heiligen Hure verkörpere, die als Maria Magdalena wohl bekannt ist. Wissende Zungen behaupten, sie sei das Weib von Jesus gewesen.

Ich als Weib bin der Ursprung der Welt. In mir kannst du die Große Mutter sehen, die alles erschuf und wieder zurück in sich aufnimmt; sie ist die Gebärerin, die Spielerin und die Zerstörerin.

Ich bin das geile Mädchen in dir, das sich den prickelndsten Phantasien lasziv hingibt und von seinem Körper – vielleicht etwas zu narzißtisch – verzaubert ist. Mir geht es einzig und allein darum, angenommen, verstanden und befriedigt zu werden. Und meine Stärke ist die körperliche Kommunikation, bei ihr spüre ich Nähe, spüre ich mich. Es ist der andere, durch den ich mich erlebe, wenn ich ihn berühre.»

«Du bist es also, die mich die Welt durch die sexuelle Brille sehen läßt, mit der du schon Freud den Kopf verdreht hast. Seitdem ist der Blick von Phallus, Brust und Vagina beherrscht.»

«Sind das denn keine schönen Ausblicke, die ich dir biete? Die Spannung zwischen Männlich und Weiblich durchzieht doch sowieso alles in unserem Leben. Ohne diese Spannung wäre das Leben doch fad und viel zu starr. Aber trotz aller Geilheit – oder *gerade wegen ihr? – lenke auch ich den Fluß der Energien im menschlichen Körper, und zwar speziell die Zirkulation der Flüssigkeiten wie Blut, Lymphe und – nicht zu vergessen – die männlichen und weiblichen Sekrete. Ich bin die Herrin der Feuchtigkeit, weswegen ich in früheren Zeiten als Quellnymphe, als Nixe und Undine verehrt wurde. Ich war es, die der listenreiche Odysseus auf seinen Fahrten immer wieder traf. Als Circe verzauberte ich die Männer in Schweine (ein Zauber, der mir noch heute leicht von der Hand geht), als Nausikaa verzehre ich mich nach dem Körper des Helden, und als Sirene bin ich Spezialistin in der bestrickenden und unentrinnbaren Verführung des Mannes.*

Aber natürlich trete ich auch im Männerkörper auf: Im unwiderstehlichen Casanova fühlte ich mich äußerst wohl, wenn auch bedauerlicherweise mein Ende dort eher kläglich zu nennen ist. In Don Juan lebte ich eher meinen Schatten, der dann von dem berüchtigten Marquis des Sade – zweifelsohne ein Wüstling – sadomasochistisch verfeinert werden sollte.

Ich lebe also in Mann und Frau und verführe beide zu den süßesten Torheiten, ohne die unser Leben aussterben würde. Und weil ich für die Aufrechterhaltung des Lebens zuständig bin, hat mich die Natur mit dieser unwiderstehlichen Kraft ausgestattet.»

«Viele Menschen sahen es gerade als die wichtigste Aufgabe, dich zu überwinden. Du wurdest als niederes, moralisch fragwürdiges Ich, kurzum als elende Schlampe, abgetan, die einen von dem Eigentlichen abhält.»

«Was soll denn dieses mysteriöse Eigentliche wohl sein?»
«Du bist jedenfalls nicht das Eigentliche – oder?»
«Ich bin die Kraft, an der niemand vorbeigehen kann. Natürlich liebe ich die tantrischen Ansichten in Indien, die mich ganz klar als Befreiungsweg sehen und jede Moralität als künstlich, aufgesetzt und geradezu als schädlich betrachten. Wer sich auf mich konzentriert, kann nicht nur seine erotische Ausstrahlung erhöhen

(was immerhin zu mehr Erfolg führt), sondern auch die absolute Freiheit von allen künstlichen Einengungen erlangen. Ich bin zwar sicher nicht das einzige Ich, das zur Befreiung führt, aber vielleicht doch das wichtigste. Leider werde ich jedoch so diskriminiert, daß sich zwar jedermann permanent um mich kümmert, aber nur wenige so weit gehen, mich zu kultivieren. Auf allen Gebieten lernt der Mensch, aber in meinem Bereich der Sexualität meint man, alles schon zu können. Woher kommt diese ignorante Naivität?

Obwohl du alles sexualisierst, bist du noch nicht auf den Gedanken gekommen, deine Sexualität zu gestalten und aus diesem genießerischen Spiel etwas zu machen. Du nimmst mich im Grunde deiner Seele immer noch nicht ernst genug.»

Die Sprache Ihres triebhaften Ichs ist Ihnen wahrscheinlich zur Genüge bekannt. Dieses Ich ist im Gegensatz zu dem energetischen Ich zyklisch aktiv: In einigen Situationen plagt oder erfreut es Sie sehr, in anderen Situationen lauert es im Hintergrund, um auf geeignete Verführungssituationen zu warten.

Mein Großvater war es, der mich auf den Umgang mit diesem Ich weise vorbereitete. Sicherlich war es etwas verfrüht, als er mich im zarten Alter von elf Jahren in sein Herrenzimmer bat, ich vom Cognac nippen durfte und er mich feierlich mit «mein Enkel» ansprach. «Mein Enkel», so sagte er mit dicker Zigarre in der Hand, «du wirst im Leben den Verführungen nicht entgehen können. Erliege jeder Verführung, denn nur so kannst du wissen, ob es sich lohnt oder nicht. Einer Verführung, der du widerstehst, wirst du ewig nachtrauern. Du wirst dir unrealistische wilde Phantasien machen über das, was dir da entgangen sein könnte und diese Gedanken wie einen zu schweren Rucksack ewig mit dir herumtragen.»

Wie Sie sicher schon bemerkt haben, stellt das sexuelle Ich stets die Frage nach der Hingabe und damit nach der Aufgabe unseres Egoismus. Wie kein anderes Ich will dieses unser stärkstes Ich die Illusion der Abgetrenntheit von unseren Mitmenschen auflösen. Es empfiehlt uns, im anderen aufzugehen und uns im Du zu erkennen. Es verweist auf das Paradox, daß der Dienst am anderen in Lust und Genuß zugleich die beste Befriedigung für uns selbst ist. Der Kampf um Orgasmus und Befriedigung wird meistens nur deshalb verloren, weil die Kämpfer hauptsächlich ihre eigene Befriedigung im Auge haben. So aber – das lehrt uns unser sexuelles Ich – ist keine tiefe Befriedigung zu erwarten.

Ferner geht unser zweites Ich mit starken Gefühlen um. Diese Gefühlsströme stehen unter anderem auch mit den Körperflüssigkeiten in Beziehung – nur ist die Flüssigkeit bei ihnen nicht materiell vorhanden. Gefühle fließen wie Ströme. Wie schnell und wohin diese Energie fließt, das regelt dieses Ich durch seine Aufmerksamkeit.

Die Vernachlässigung

Jede Sexualität, die nicht von der göttlichen Liebe ausgeht, ist nur eine Simulation, der man sich hingeben kann.

Daniel Odier

Wie schon gesagt, wird dieses Ich oft mißachtet, so daß es häufig nur in seiner minderwertigen Form erscheint. Gerade weil es eine derart starke Kraft darstellt, fühlt sich der Mensch verunsichert, wenn es sich meldet. Er merkt mit Erschrecken, wie wenig er den Forderungen dieses sexuellen Ichs entgegensetzen kann. Er gerät in die Gefahr, sich in der Liebe und der Sexualität zu verlieren – wie er meint –, und so verdrängt er am liebsten diese Urkraft, die doch nur alles durcheinanderbringt.

Der törichte Mensch meint, diesem Ich ausweichen zu können, wenn er so tut, als hätte es das sexuelle Ich in ihm nie gegeben. Er mißachtet es und entzieht ihm seine Aufmerksamkeit, indem er sich «wichtigeren Dingen» zuwendet. Dadurch allerdings kann dieses Ich ohne bewußte Kontrolle sein Unwesen treiben, indem es sich vorzüglich immer dann meldet, wenn die Situation ganz und gar ungeeignet ist. Es kommt zur «fatal attraction», jener tödlichen Leidenschaft, in der das sexuelle Ich ohne jede Einschränkung die meist völlig unbewußte Person beherrscht. Das sexuelle Ich verwandelt sich in Graf Dracula, durch dessen Biß man zu seinem willenlosen Diener wird.

Wird das sexuelle Ich verdrängt, erscheint es wie alle vernachlässigten Ichs als Karikatur seiner selbst. Was seine ursprünglich heilende Kraft war, wird zur zerstörerischen Gewalt.

Psychische Probleme

Wenn Sie sich Ihrem sexuellen Ich nicht mit liebevoller Aufmerksamkeit zuwenden, wird es Sie piesacken und quälen, um Sie auf sich aufmerksam zu machen. Sie werden die Sexualität als Zwang und als ekelhaft schmutzig erleben und sie nicht lässig genießen können. Entweder entziehen Sie sich dieser so kreativen Kraft in Ihnen, oder Sie werden von ihr getrieben und gebeutelt. Das führt verständlicherweise meistens dazu, daß Sie mit diesem Ich nichts mehr zu tun haben wollen. Sie wollen es einfach nicht mehr wahrnehmen und mögen das als Überwindung Ihrer dunklen Triebe rationalisieren.

Häufig werden falsch verstandene spirituelle Ansichten zitiert, daß man «dieses niedrige Bewußtsein überwinden müsse». In fast allen ernstzunehmenden Kulturen geht man davon aus, daß es ohne den sexuellen Genuß keine Befreiung geben kann. Wer keine Befriedigung erlebt und wer seinen Partner nicht befriedigen kann, der wird auch keine höhere Stufe seines Bewußtseins erleben.

Was die Verdrängung unserer sexuellen Kraft bewirkt, können Sie am besten bei Freud und seinem Schüler Wilhelm Reich (1897–1956) nachlesen, die beide vor dieser Verdrängung eindringlich warnten. Reich war sicherlich auf der richtigen Fährte, wenn er davon ausging, daß die Verdrängung von Lust und Ekstase zumindest auf die Dauer zu Krebs führt. Erstaunlicherweise richtet sich gerade unser stärkster Widerstand gegen die Ekstase (wenn das sexuelle

Ich tanzt und jauchzt), weil wir in diesem Zustand – dem des kleinen Todes – alle unsere Sicherheiten aufgeben müssen. Angesichts der sexuellen Ekstase werden Wissen, Glaube, Überzeugungen und ökonomische Sicherheiten völlig unwichtig – und das, wo wir doch für unseren Status wie Herr Mühsam tapfer gekämpft haben. Wer an seinen Sicherheiten hängen bleibt, der fürchtet sich vor dem Leben. Statt spielerisch zu leben, nimmt er es wie eine Strafe auf sich und kann natürlich seine Sexualität nicht beglückend erleben.

Von jemandem, der die Sexualität nicht genießen will, zeichnet auch Freud nicht gerade ein vorteilhaftes Bild. Ein solcher Mensch ist der klassische Neurotiker, was sich unter anderem dadurch zeigt, daß er bestimmte Verhaltensweisen immer wieder automatisch ausführt. Er meint, mit ihnen glücklich zu werden. Doch die Enttäuschung ist groß: Er wird zunehmend unglücklicher und frustrierter, verhärmter und verbitterter.

Wer sich nicht mit seinem sexuellen Ich anfreunden kann, dem entschwindet auf die Dauer auch seine kreative Fähigkeit. Vielleicht mag das daran liegen, daß Sexualität großen Einfluß auf Anpassung und Wandlung hat und damit auf die Beweglichkeit, die jeder Kreativität zu eigen ist. Wir können deutlich beobachten, daß Menschen, die ihre sexuelle Seite negieren, in eigenartiger Weise erstarren. Damit scheint es auch zusammenzuhängen, daß sie in jungen Jahren oft schon erstaunlich alt aussehen, eigenartig gesetzt wirken und sich allmählich der Karikatur der alten Jungfer oder des skurrilen Hagestolzes anpassen.

Auch eine ständige innere Anspannung kann Ausdruck der Mißachtung unseres sexuellen Ichs sein. Wir werden dadurch streßanfälliger und wirken auf andere Menschen eher schwierig – und auf uns selbst oft auch! Diese Anspannung zeigt sich häufig – wie bei der Störung des energetischen Ichs – in Schlafstörungen. Im Extremfall werden diese Menschen von Alpträumen heimgesucht, in denen sich ihr mißachtetes sexuelles Ich aggressiv austobt. Alles, was an sadistischen Praktiken denkbar ist, wird den Träumer oder die Träumerin aus dem Schlaf aufschrecken lassen. Die Traumwelten werden von sexuellen Bildern beherrscht werden, die man bewußt und nicht ohne Hysterie verdrängte. Alles kehrt zurück – nur leider oft in verzerrter Form. Denken wir nur an die beliebten Versuchungen der Heiligen: Man muß schon überaus heilig – also ein großer Verdränger – sein, um solche Versuchungen wie Thomas, Ursula und ihre Kollegen zu erleben.

Ferner erzeugt die Verdrängung unseres sexuellen Ichs die Moral. Aber wir wissen alle: Wo eine Moral ist, da ist auch ein Bordell nicht weit. Moral als die permanente Bewertung aller unserer Taten und Regungen ist sicherlich keineswegs zum Fortkommen auf dem Weg der Befreiung geeignet. Sie führt zur Erstarrung, die immer ein Abbild des Todes schon im Leben ist.

Wer sein sexuelles Ich vernachlässigt, muß mit folgenden psychischen Problemen rechnen:

- Er wird zunehmend unkreativer, weniger spontan und erstarrt in seinen Ansichten.
- Es werden ihn erschreckende sexuelle Träume plagen, die sich bis zum ewig wiederkehrenden Alptraum auswachsen können.
- Als klassische Krankheit wäre hier nach Freud die Hysterie zu nennen, die seiner Auffassung nach dadurch

entsteht, daß unsere sexuellen Energien von den Geschlechtsteilen in andere Körperregionen umgeleitet werden.
- In der milden, üblichen Form (und besonders bei Männern) entsteht nach Freud die Neurose, die uns als zwanghafte Wiederholung von Verhaltensweisen unglücklich macht.
- Nervosität und ständige innere Unruhe können nach Freuds Auffassung die Folgen sein.

Körperliche Probleme

Die Verleugnung des sexuellen Ichs zeigt sich natürlich auch körperlich, weil die Psyche immer den Körper beeinflußt. Zunächst macht sie sich häufig in Problemen mit dem Hormonhaushalt bemerkbar.

Bei der Frau wird die Menstruation statt zur freudigen Reinigung zum schmerzhaften Ereignis, mit dem man einmal monatlich hadert und aufgrund dessen man prä- und postmenstruelle Symptome entwickelt und am liebsten Mann wäre. Alle Unregelmäßigkeiten der Menstruation, eine zu starke Periode oder auch das zeitweilige Verschwinden des Blutflusses sind auf Probleme mit dem eigenen sexuellen Ich zurückzuführen – ebenso wie Schwierigkeiten beim Gebären. Aber das vernachlässigte sexuelle Ich macht sich keineswegs nur auf dem Gebiet der Sexualität direkt bemerkbar, sondern auch indirekt. Hormonstörungen führen zu einer unreinen Haut, mit der die Frau sich häßlich macht. Sie möchte nicht als Schönheit begehrt werden, also hält sie sich das andere Geschlecht durch Unansehnlichkeit vom Leibe. Solche Taktik ist auch tatsächlich meistens von Erfolg geprägt. Immer wenn das Venusprinzip bei der Frau gestört ist, also ihre Schönheit nicht leuchten mag, steckt ein beleidigtes sexuelles Ich dahinter. Beim Mann, der heute weitaus häufiger sein sexuelles Ich verleugnet, sieht es nicht viel besser aus: Zunächst wird er impotent – was übrigens ab und zu und über kurze Zeiträume ganz normal ist. Ein asexueller Mann wie Herr Mühsam wird jedoch langfristig impotent und rationalisiert das in altbewährter Weise mit dem Streß, den ihm das leidige Geldverdienen bereitet. Allerdings ist es leider mit der Impotenz noch nicht genug. Bald meldet sich die Prostata, und der Geschlechtsbereich will einfach keine Ruhe geben. Das sexuelle Ich macht nun körperlich auf sich aufmerksam, aber ein echter Herr Mühsam schaut weg. Er geht zur Tagesordnung über und wendet sich seiner Arbeit zu. Daß er ganz verkniffen dabei aussieht, ständig unter Strom steht und deswegen vor sich hinkränkelt, nimmt er schon gar nicht mehr wahr. Er und seine Umgebung haben sich längst daran gewöhnt.

Wenn bei Mann und Frau zu der Ablehnung des sexuellen Ichs auch noch ein Problem mit dem energetischen Ich auftritt (was häufiger der Fall ist), tritt unter Dauerstreß oft noch die ganze Palette der klassischen psychosomatischen Erkrankungen vom Magengeschwür bis zum Unterleibskrebs auf.

Wer sein sexuelles Ich vernachlässigt, muß mit folgenden körperlichen Problemen rechnen:

- hormonelle Probleme, die sich als Regelstörungen, Probleme mit den Wechseljahren oder Hautunreinheiten bei Frauen zeigen;

- Prostata- und Hodenprobleme, mit denen ein aggressives sexuelles Ich die Männer wachrütteln möchte;
- sexuelle Probleme wie Frigidität und Impotenz, in denen sich in klassischer Weise ein minderwertiges sexuelles Ich ausdrückt;
- man wird anfällig für viele psychosomatische Krankheiten.

Die Bejahung

> *Gesellschaftlich willkommene Gier wird* gute Motivation *genannt. Alle anderen Formen der Gier und besonders ihre sexuelle Form werden mit dem Etikett* schlecht *versehen. Wer das erkennt, kann frei seine Lüste leben.*
>
> Evan Martin

Die bejahende Anerkennung des sexuellen Ichs führt oftmals dazu, daß man lernt, seine Sexualität zu genießen und zu kultivieren. Man wird seltener unter der fehlenden Qualität seiner Sexualität leiden. Das liegt zum großen Teil auch daran, daß man ein Gefühl für Partner bekommt, die einem guttun. Es ist erstaunlich, daß viele Menschen in unserer Kultur in ihrem sexuellen Ausdruck auf der Stufe der Pubertät stehen geblieben sind. Der Beischlaf – da hat die deutsche Sprache recht – ähnelt in seiner Unbewußtheit wirklich eher dem Schlaf statt einem wachen und bewußten Genuß. Das muß allerdings nicht so sein. Die Bejahung des sexuellen Ichs heißt, daß man sich mit seiner Sexualität bewußt beschäftigt, sie gestaltet und kultiviert. Ansonsten mündet das Treffen der Geschlechter in eine lustlose Gymnastik, bei der jeder froh ist, wenn's vorbei ist. Da wird dann schnell der Orgasmus – meist auch nur stümperhaft – gespielt, um dem Ganzen ein Ende bereiten zu dürfen.

So allerdings sollte es nicht sein! Unser sexuelles Ich hält nämlich viele ungeahnte Genüsse für uns bereit, die heilen, lockern und einfach erfreuen. Wer diese Seite kennt – so betonen besonders die ostasiatischen Weltanschauungen –, wird ein gesundes, kreatives und erfolgreiches langes Leben führen. Was will man mehr?

Sich mit seinem sexuellen Ich anzufreunden und ihm die Möglichkeit zu geben, sich auszuleben, lohnt sich also – und das nicht nur des Genusses wegen. Wer seine Leidenschaft nicht mehr als einen Gegensatz zum bewußten Leben empfindet, wird seinen Körper, sein Bewußtsein und seine Gefühle damit stärken.

Im Shivaismus Indiens verkörpert die Frau – wie wohl auch zu Frühzeiten in Europa – Macht, Stärke und Potenz, der Mann dagegen die Fähigkeit zur höchsten Bewunderung. Deswegen sagt man in der modernen Männerbewegung, daß für die Potenz des Mannes die Frau zuständig sei. Um das Strahlen der Frau sollte sich jedoch der Mann kümmern. So braucht der eine den anderen, denn während der weibliche Archetyp stets Gefahr läuft, sich zu verströmen, geht der männliche so leicht an seiner eigenen Erstarrung zugrunde. Die Binde- und Lösekraft der Sexualität, die schon die Alchemisten in der Aufforderung *solve et coagula* (löse und binde) formulierten, schafft erst ein lebendiges und erfülltes Leben.

Genieße die Lust, wie sie kommt und geht, und ihr Genuß wird dein Lehrer sein. Wenn du sie allerdings zwingst zu bleiben oder sie mit Gewalt herbeiführen willst, wird sie dir ihr schreckliches Gesicht zeigen.

Auf der Ebene des sexuellen Ichs spricht man sich mit «Du» an – ich hoffe, Sie erlauben mir diese Freiheit, Ihnen nahezukommen und Sie keck zu duzen. Wie könnte man sich über dieses Ich ohne die sogenannte Anmache unterhalten?

Wenn du in einer guten Beziehung zu deinem sexuellen

Ich stehst, nimmst du das Sexuelle in der Welt deutlich wahr. Sigmund Freud und viele seiner Nachfolger waren in diese Sichtweise verliebt, die uns von dem prüden Dunkel des neunzehnten Jahrhunderts befreite. Viele kreative Männer und Frauen – besonders Frauen! – zu Beginn dieses Jahrhunderts und auch noch heute sexualisieren ihre Umwelt. Ich erinnere nur an Alexandra Kollontai (1872–1952), die göttliche Sarah Bernhardt (1844–1923) oder an Lou Andreas-Salome (1861–1937). Solche Menschen regten den genialen Freud-Schüler Wilhelm Reich zu seiner gewagten These an, daß nur ein Mensch, der seine Sexualität auslebt, wirklich kreativ sein kann. Die These, daß Leiden und Unterdrückung der Sexualität zu kulturellen Leistungen führen – eine These, die Freud (in seiner Sublimationstheorie) vertrat –, hielt Reich für absurd und vom dunkelsten puritanischen Denken geprägt.

Menschen, die ein enges Verhältnis zu ihrem sexuellen und zugleich zu ihrem intuitiven Ich pflegen, sind meistens kreativ und häufig in künstlerischen Bereichen tätig. Schriftsteller, Schauspieler, Regisseure, Maler und Musiker finden wir oft in dieser Gruppe, denn das sexuelle Ich strebt stets nach Ausdruck. Wenn du die Forderungen deines sexuellen Ichs genießt, dann wird es dir wahrscheinlich nicht schwerfallen, kreativ zu arbeiten und dich in deiner Arbeit selbst zu verwirklichen.

Gehörst du zu den Menschen, die unter dem guten Stern der Venus stehen, werden dir die folgenden Übungen keine neue Erfahrungen bieten. Für dich ist es wichtiger, dich deinen anderen Ichs zuzuwenden, um dein Leben ausgeglichen in und mit der Lust genießen zu können.

Übungen

Durch die Übungen, die den Kontakt mit unserem sexuellen Ich stärken, programmieren wir unsere uns anerzogenen sexuellen Mechanismen um, die meistens äußerst einengend und sinnlichkeitsfeindlich sind. Es kommt bei allen drei Übungen darauf an, dem Genuß der Lust einen freien Raum zu schaffen, so daß sich das prickelnde Gefühl langsam, aber dafür um so intensiver in unserem ganzen Körper ausbreiten kann. Unser sexuelles Ich liebt die Langsamkeit, die es braucht, um sich voll zu entfalten. Führen Sie also die folgenden Übungen bewußt und langsam durch – Ihr sexuelles Ich wird es Ihnen danken. Auch wenn Sie sich der Sexualität hingeben oder wenn Sie sich selbst Lust bereiten, führen Sie das stets wie eine Übung durch. Sie werden sich über die Dimensionen Ihrer sexuellen Erlebnisfähigkeit wundern. Und wenn es sich auch zunächst absurd anhören mag – haben Sie keine Angst vor Ihrer Lust. Der Weg der Lust kann bewußt als Weg der Befreiung genutzt werden. Nur wenn er unbewußt beschritten wird, schafft er unselige Bindungen und Verwicklungen.

Um Ihr sexuelles Ich im Alltagsleben zu fördern, sollten Sie sich dafür sensibilisieren festzustellen, welche Partner Ihnen gut tun und welche nicht. Solange Sie das nicht sicher wahrnehmen, kann sich Ihr sexuelles Ich nicht entfalten. Die nun folgenden drei Übungen werden Ihnen unter anderem auch ein Gefühl dafür geben, welcher Partner Ihr sexuelles Ich nährt und pflegt und von welchem Partner Sie sich besser fernhalten sollten.

Das unendliche Meer der Lust

Grundübung zum Kontakt mit seinem sexuellen Ich
Dauer der Übung: eine Viertelstunde bis fünfundzwanzig Minuten
Schwierigkeitsgrad: leicht auszuführen und deswegen gut für Anfänger geeignet

Legen Sie sich flach auf den Boden. Vielleicht benutzen Sie eine Decke oder einen dickeren Teppich, um weicher zu ruhen. Richten Sie sich bequem ein und schließen Sie Ihre Augen. Eine tiefe Entspannung breitet sich in Ihnen aus, Sie fühlen sich zunehmend leicht und schwer zugleich.

Wenn diese tiefe Entspannung von Ihnen Besitz ergriffen hat, konzentrieren Sie sich auf Ihre angenehmste sexuelle Vorstellung. Gehen Sie zunächst diese Vorstellung in Ihrer Phantasie im Detail durch und reinigen Sie diese von allem, was Ihre Lust stören könnte. Machen Sie sich dabei bewußt, daß jegliche Bewertung hier völlig fehl am Platze ist und meist auf die elterliche Erziehung zurückzuführen ist. Ein erwachsener Mensch darf seine Lust ohne strafende Bewertungen in Phantasie und im Alltagsleben ausleben. Spielen Sie jetzt mit Ihrer sexuellen Vorstellung, verändern Sie sie, und probieren Sie alle Phantasien aus, bis Sie die intensivste und befriedigendste gefunden haben. Versuchen Sie, die Bilder Ihrer Phantasie zu halten, und spüren Sie, wie Ihnen die Imagination Kraft gibt, die Sie als Energiefluß in Ihrem gesamten Körper spüren. Öffnen Sie sich diesen Energien und verharren Sie – so lange Sie wollen – in diesem Zustand göttlicher Glückseligkeit.

Diese einfache Übung wird Ihnen unter anderem zeigen, daß Ihr sexuelles Ich keineswegs eine sofortige und schnelle Befriedigung verlangt, sondern daß es die höchste Lust gerade vor der Entladung empfindet. Während dieser Übung mag in Ihnen der Impuls aufsteigen, sich selbst zu befriedigen. Gehen Sie ihm nicht nach, und genießen Sie diesen intensiven Zustand, ohne seine Spannung abzubauen. Ein schneller Orgasmus ist stets auch ein Zeichen dafür, daß wir die Forderungen unseres sexuellen Ichs schnell abwürgen wollen. Das schreiende sexuelle Ich bekommt sozusagen mit dem Orgasmus den Schnuller in seinen Mund gestopft, auf daß es Ruhe gibt.

Wegen des sexuellen Genusses lernt man im Tantrismus – einer ostasiatischen Liebeskunst –, den Orgasmus so lange wie möglich hinauszuzögern. Die Erweiterung dieser Übung im Alltagsleben besteht darin, das Stadium vor dem Orgasmus auszudehnen und ihn so lange wie möglich zu vermeiden. Schwimmen Sie im Ozean der Lust, in dem sich Ihr sexuelles Ich wie der Fisch im Wasser frei bewegt.

Die Spannung zwischen dem Weiblichen und dem Männlichen

Eine Übung, die für Anfänger wie Fortgeschrittene bestens geeignet ist, jedoch eine gewisse Erfahrung mit Vorstellungsbildern voraussetzt

Dauer der Übung: bis zu einer halben Stunde

Schwierigkeitsgrad: mittlerer Schwierigkeitsgrad. Für Menschen, die leicht visualisieren können, ist diese Übung sehr einfach.

Sie können diese Übung im Sitzen oder im Liegen durchführen. Wichtig ist nicht so sehr die Körperhaltung, sondern daß Sie es sich bequem machen. Sie schließen Ihre Augen, werden ganz ruhig und entspannt und beginnen dann mit den folgenden Imaginationen: Stellen Sie sich so genau wie möglich Ihre rechte und Ihre linke Gehirnhälfte vor. Bekommen Sie ein Gefühl für diese beiden Gehirnhälften. Es mag Ihnen vielleicht helfen, wenn Sie sich vorstellen, daß Ihre beiden Gehirnhälften dem Inneren einer Walnuß ähneln. Nehmen Sie also einen intensiven Kontakt mit Ihren beiden Gehirnhemisphären auf. Sie mögen warm werden, sie mögen angenehm kitzeln oder Sie mögen sie als Halbkugeln sehen. Wie dieser Kontakt aussieht, ist nicht so wichtig; entscheidend ist nur, daß er zustande kommt.

Ist dieser Kontakt entstanden, beginnt die eigentliche Übung: Stellen Sie sich vor, daß Sie sich in Ihrer linken Gehirnhälfte als Frau sehen. Versuchen Sie, dieses Bild so klar wie möglich einzustellen. Dabei spielt es keine Rolle, ob Sie selber Mann oder Frau sind. Fühlen Sie sich so intensiv wie möglich in dieses Bild – Sie als Frau – hinein. Spüren Sie, wie sich das Weibliche anfühlt.

Haben Sie dieses weibliche Vorstellungsbild stabilisiert, bauen Sie entsprechend Ihr männliches Vorstellungsbild in Ihrer rechten Gehirnhälfte auf. Während das Bild vor Ihrem geistigen Auge entsteht, halten Sie Ihr weibliches Bild in der linken Hemisphäre. Das Ziel dieser Übung besteht darin, sich zugleich in Ihrer linken Gehirnhemisphäre als Frau und in Ihrer rechten Hemisphäre als Mann zu sehen. Fühlen Sie sich in beide Qualitäten ein, und halten Sie die Vorstellung so lange wie möglich aufrecht – allerdings nicht länger als zehn Minuten.

> **Die Suche nach dem inneren Liebhaber –
> die Suche nach der inneren Geliebten**
>
> *Übung zur Vereinigung mit unserer Geliebten beziehungsweise mit unserem Liebhaber*
>
> Dauer der Übung: etwa eine Viertelstunde
>
> Schwierigkeitsgrad: Eine effektive Übung für Fortgeschrittene, die die beiden vorausgehenden Übungen schon öfters durchgeführt haben.

Im Grunde suchen wir im Außen immer an der falschen Stelle. Die Geliebte oder der Liebhaber entspricht nur dann im Außen unseren Vorstellungen, wenn wir ein gutes Verhältnis zu unserer inneren Geliebten oder unserem inneren Liebhaber aufgebaut haben. Das heißt mit anderen Worten: Unser sexuelles Ich taucht stets beim Mann in der Verkleidung der idealen Geliebten auf, bei der Frau in der Gestalt des idealen Geliebten. Solange wir nicht in der Lage sind, uns unsere innere Geliebte beziehungsweise unseren inneren Geliebten als idealen Partner vorzustellen, werden wir im Außen vergeblich auf den Märchenprinzen oder die Prinzessin warten, die uns endlich glücklich machen. Glücklich können wir uns nur selbst machen – das werden wir auch bei dieser Übung deutlich erleben.

Setzen oder legen Sie sich entspannt wie bei der vorigen Übung hin. Nehmen Sie Kontakt mit Ihrem sexuellen Ich auf, das Sie wahrscheinlich deutlich an Ihren Sexualorganen spüren. Stellen Sie sich nun vor, daß Sie Ihr sexuelles Ich klar und deutlich vor sich sehen. Wie es Ihnen zunächst erscheint, spielt keine Rolle. Seine Erscheinungsform ist jedoch im Sinne der Traumdeutung interpretierbar. Dieses sexuelle Ich verwandeln Sie zunächst in das Bild einer gegengeschlechtlichen Person. Wenn Sie ein Mann sind, wird es zur Frau; wenn Sie eine Frau sind, wird es zum Mann. Nun nehmen Sie sich Zeit, diese Erscheinungsform Ihres sexuellen Ichs Stückchen für Stückchen in das Bild Ihres idealen Liebhabers/Ihrer idealen Geliebten umzuformen. Spüren Sie genau in die aufsteigenden Bilder und Wünsche hinein, um festzustellen, was Ihnen wirklich entspricht. Seien Sie während dieser Übung – und nicht nur dort – unbedingt ehrlich zu sich! Werden Sie sich bewußt, nach welchen Eigenschaften und Qualitäten Sie sich sehnen, und betrachten Sie mit klarem Kopf, ob diese Eigenschaften Sie auch wirklich befriedigen und Ihnen guttun.

Haben Sie Ihren Geliebten beziehungsweise Ihre Geliebte erst einmal gefunden, sollten Sie in der Außenwelt eine ähnliche Person suchen. Falls Ihnen das schwerfällt, könnten Sie sich überlegen, ob Sie sich in der Außenwelt mit der nötigen Offenheit darstellen, so daß Sie den entsprechenden geliebten Menschen oder die Sie aufregende Person anziehen können. Machen Sie sich klar, daß Ihr sexuelles Ich mit der richtigen liebenden Person aufblüht. Ob Sie diesen für Sie idealen Partner auch anziehen, hängt davon ab, wie Sie sich in der Außenwelt geben, das heißt welche Signale Sie Ihrer Umwelt geben. Es ist also keineswegs von der Macht des Schicksals abhängig, ob Sie mit Ihrem sexuellen Ich in Harmonie leben, sondern von Ihrer Einstellung Ihrem Inneren gegenüber und von dem Bild, das Sie Ihrer Umwelt vermitteln.

Das kämpferische Ich

Die bloße Unterdrückung des Schattens ist ebenso wenig ein Heilmittel wie Enthauptung gegen Kopfschmerzen.

Carl Gustav Jung

Das kämpferische Ich stellt sich vor

«Hier bin ich also! Sieh mich gefälligst an! Ich bin der Krieger in dir, der dein Territorium schützt und deinen Willen für dich durchsetzt. Freilich wirke ich auf dich so atemberaubend männlich, daß du zunächst erschrecken magst. Aber habe keine Angst, du brauchst mich, und ich bin da, wenn du mich rufst.»

«Du hast gut reden. Ich spüre dich als die Aggression in mir, die mich bedroht und mich überwältigt. Unkontrollierbar und somit oft zerstörerisch und unberechenbar.»

«Das alles entspricht deinen Vorstellungen und Phantasien, nicht aber mir! Du siehst nur meinen Schatten, da du dich nicht richtig hinzuschauen traust.

Du bist töricht, wenn du mich ablehnst! Ohne mich erlangst du keinerlei Selbstbewußtsein – freilich frage ich mich manchmal, ob du überhaupt eines besitzt. Wenn ich in dir nur im Schatten leben darf, sieht es schlecht für dich aus. Bedenke immer, daß das Schöne seinen Anteil am Schatten hat. Es vergeht, wenn wir den Schatten auszulöschen suchen. Ohne Schatten keine Schönheit – auch nicht in dir! Ohne Spannung kein Leben! Auch keine Lust – was dir eigentlich schon dein sexuelles Ich hätte klarmachen sollen.

Da träumst du idealistischer Schwärmer, elendiglich von modischen New-Age-Ideen angekränkelt, von der Harmonie. Weißt du, was du da tust? Du frönst dem Todestrip. Harmonie gibt es im Leben doch nur dann, wenn du dich in den Sarg legst und den Deckel zuhältst. Leben dagegen ist Spannung, die zu kreativen Taten anregt. Da muß man bisweilen kämpfen – aber ist nicht der Kampf das Salz des Lebens?»

«Du feurig schauriger Geist in mir, wie willst du mich erlösen?»

«Indem ich dich das positive Kämpfen lehre. Du wirst nicht

kämpfen, um zu zerstören – was bisweilen zwar auch nötig ist –, sondern um dich zu zeigen, um dich in der Welt durchzusetzen oder – wie es besser für deine Ohren klingt – um dich und deine Eigenschaften der Welt zu schenken. Die Welt wäre wirklich ärmer ohne dich! Natürlich kämpfst du auch, um deine tiefen Gefühle darzustellen – weißt du das nicht? Und in all diesen Kämpfen brauchst du keineswegs als Zerstörer aufzutreten. Du verbindest Kampf und Zerstörung nur, da du mit mir auf Kriegsfuß stehst.

Ich, dein kämpferisches Ich, wurde zugegebenermaßen oft mißbraucht. Mich spricht man im Krieg und immer dort an, wo Haß erzeugt werden soll. Aber Haß und Zerstörung sind nur mein verzerrtes Gesicht, das immer dann erscheint, wenn man sich nicht mit Macht und Aggression differenziert auseinandersetzt. Fremdenhaß, Gewalt in den Betten und auf der Straße sind immer Anzeichen dafür, daß man mich nicht sehen möchte. Also: Sieh mich gefälligst an, fühle und berühre mich – einzig zu deinem eigenen Vorteil.»

Wie unser kämpferisches Ich schon bemerkte, ist es eng dem Schatten verwandt. Jung betonte immer wieder, daß ohne die Befreiung des Schattens keine wahre Befreiung eines Menschen möglich sei. Mit dem Schatten meint er das, was wir an uns nicht leiden können. Wir können es sogar so wenig ertragen, daß wir es in uns nicht einmal sehen können. Wir nehmen unseren Schatten nur an anderen Menschen wahr – als Spiegel sozusagen. Wenn wir andere Menschen nicht leiden können, nehmen wir unseren Schatten in ihnen wahr. Da wirkt die berüchtigte Projektion, von der Jung sagt, daß sie die Umwelt in das eigene, aber unbekannte Gesicht verwandelt. Der Schatten tritt immer in projizierter Form auf. Unserer gesellschaftlichen Norm entspricht es, sich seiner Aggression zu schämen, und deswegen wird sie zum Schatten. Sie paßt nicht in unser poliertes Selbstbild. Wir sehen lieber unsere Aggression in dem anderen, als uns zu ihr zu bekennen. Unter solchen Bedingungen gerät die Aggression leicht außer Rand und Band, da sie als ichfremd erlebt wird, obwohl sie erschreckend ichnah ist.

Nachdem wir uns unserer Energien bewußt geworden sind und mit ihnen zu spielen gelernt haben, und nachdem wir die Fähigkeit erlangt haben, den anderen mit Lust zu genießen, kommt es nun zur Abgrenzung. Unser kämpferisches Ich hat stets mit Selbstbehauptung zu tun. Als Martin Luther (1483–1546) damals auf dem Reichstag zu Worms (1521) den vielzitierten Satz: «Hier stehe ich und kann nicht anders» äußerte, sprach aus dieser Haltung sein kämpferisches Ich, das Luther übrigens nie verleugnete.

Unser kämpferisches Ich lebt nur im Schatten als dreinschlagender feindlicher Krieger, es besitzt auch lichte Seiten. Es zeigt sich in jeder selbstbewußten Person und in jedem Menschen, der ein Ziel verfolgt. Es zeigt sich in der Liebe ebenso wie im Pioniergeist. Dieses Ich hat viele Gesichter, aber die modernen Medien sind in sein Schattengesicht verliebt. Womit sie Menschen wie Frau Liebenswert und Herrn Mühsam mächtig Angst einjagen. Und wo die Angst ist, entsteht unmerklich die Schattengestalt des kämpferischen Ichs: Der Amokläufer, der Terrorist, der Mörder und andere Lieblingsgestalten des Gruselkabinetts der Nachrichten.

Die Vernachlässigung

Das Böse eines anderen Menschen kann abgewendet werden, das eigene Böse nicht.

Scheich Abdullah Ansari von Herat

Das kämpferische Ich ist dasjenige unserer sieben Ichs, das in unserer westlichen Kultur am häufigsten vernachlässigt und mißbraucht wird. Das liegt daran, daß unsere Gesellschaft ein gespaltenes Verhältnis zur Aggression aufweist. Man traut sich nicht mehr, sich guten Gewissens durchzusetzen. Damit werden gesunde Selbsthauptung und die Entwicklung eines stabilen Selbstbewußtseins schwer behindert. Sind unsere Selbstbehauptung und unser Selbstbewußtsein geschwächt, reagieren wir viel schneller unangemessen aggressiv und mit Kampf, leider häufig gerade dort, wo es gar nichts zu kämpfen gibt.

Lernen Sie also Ihr kämpferisches Ich kennen, das genauso wichtig wie Ihre anderen sechs Ichs ist. Wenn Sie es dagegen gemäß der Konvention unserer Gesellschaft vernachlässigen, wird dieses kämpferische Ich Sie beherrschen, obwohl Sie doch eigentlich Ihr kämpferisches Ich beherrschen sollten. In den japanischen Kampfkünsten ist man der Ansicht, daß der edelste Kampf der mit seinem kämpferischen Ich sei. Der weise Scheich Abdullah sieht es schon richtig: Das eigene Böse stellt die Herausforderung dar.

Wie die Liebeskünste die Energien des sexuellen Ichs kultivieren, so kultivieren die Kampfkünste die Energien des kämpferischen Ichs. Wenn jedoch das sexuelle Ich vernachlässigt wird, verbündet es sich sadistisch mit der minderwertigen Seite des kämpferischen Ichs. Wird entsprechend unser kämpferisches Ich vernachlässigt, versucht es sofort, mit der minderwertigen Seite unseres sexuellen Ich zu paktieren. Was bei solchen Bündnissen herauskommt, kann man lehrbuchhaft an den Praktiken der spanischen Inquisition ablesen.

Psychische Probleme

Wer sein kämpferisches Ich vernachlässigt, wird unweigerlich unter der Angst vor Aggression leiden. Er wird dadurch nicht nur stets Aggressionen anziehen, sondern zunehmend auch sich selbst nicht mehr durchsetzen können. Er kann sich häufig gar nicht abgrenzen und wird dadurch unzufrieden. Das größte Problem eines solchen Menschen liegt darin, daß er seine Aggressionen gegen sich selbst richtet. Das begegnete uns bei Frau Liebenswert aus dem Vorwort: Frau Liebenswert kann sich nicht gegen ihre Tochter abgrenzen und richtet die Aggressionen gegen ihre eigene Person. Ihr geschwächtes kämpferisches Ich raunt beständig: «Du bist eine alte Schlampe, die ihrer Tochter gegenüber versagt. Eine Rabenmutter, der Stiefmutter aus dem Märchen gleich!»

Medien wie Zeitungen und Fernsehen frönen geradezu einem Kult der Gewalt und verunsichern unser bereits geschwächtes kämpferisches Ich. Das zeigt sich in der Angst, der man mit äußerlichen Mitteln wie beispielsweise Alarmanlagen und Versicherungen nur ungenügend Herr zu werden sucht. Man kann im Äußeren nicht beheben, was im Inneren im argen liegt.

Ein geschwächtes kämpferisches Ich schafft Angst, und Angst zu haben ist falsch. Und zwar deswegen, da die Angst uns einengt und unsere Reaktionen erstarren läßt. Das sieht man deutlich an dem meist mißglückten Ausdruck unserer Aggressionen. Wenn diese hervorbrechen, erstarren wir in einigen wenigen Ausdrucksformen, die schon beim letzten Mal niemanden überzeugten.

Schauen wir uns zum Beispiel unser Verhalten im Straßenverkehr und in der Partnerschaft an. Das sind Bereiche, die eine beliebte Spielwiese unbewußter Aggressionen darstellen. Plötzlich übernimmt auf der Autobahn unser minderwertig kämpferisches Ich das Steuer, und wir meinen fälschlich, uns im Verkehr durchsetzen zu müssen. In der Partnerschaft ist man bisweilen subtiler aggressiv, was jedoch genauso tödlich enden kann.

Betrachten wir dieses aggressive Verhalten jedoch näher und differenzierter, fällt uns sogleich auf, daß wir in tiefer Verblendung und keineswegs selbständig handeln. Wir reagieren nämlich nur, statt bewußt zu handeln. Wir sind selten so unbewußt wie in aggressiven Ausbrüchen, in denen sich unser mißachtetes kämpferisches Ich nicht gerade von seiner produktiven Seite zeigt.

Ziehen Sie allerdings aus all dem keine falschen Schlüsse: Es geht nicht darum, keine Aggressionen zu zeigen. Das heilt unser angeschlagenes kämpferisches Ich keineswegs, sondern schafft nur Magengeschwüre. Es geht zunächst darum, seine Aggressionen möglichst früh wahrzunehmen, um ihnen bewußt Ausdruck zu verleihen. Warten Sie nicht, bis sich die inneren Spannungen so angestaut haben, daß Sie bei einer Kleinigkeit unkontrolliert explodieren, sondern lernen Sie, schon viel früher auf die Stimme Ihres kämpferischen Ichs zu hören. Wenn Ihr Mann Sie permanent kritisiert und Ihnen Vorschriften macht, sprechen Sie das gleich zu Beginn aus: bei der ersten Kritik und der ersten Vorschrift. Ihr kämpferisches Ich möchte sich unmittelbar in der kritischen Situation ausdrücken und nicht erst, wenn die Situation nicht mehr zu ertragen ist. Dazu ist es nötig, auf die feineren Hinweise dieses Ichs zu lauschen. Unser kämpferisches Ich kennt auch leise Ausdrucksarten.

Das kämpferische Ich ist ein männliches Wesen. Das Zeichen für Mars – den Schutzgott dieses Ichs – ist zugleich das Symbol für das Männliche. Der Ausdruck des Männlichen ist in unserer Gesellschaft freilich stark gestört. Sowohl bei Männern als auch bei Frauen führt dieses Männliche ein Schattendasein – wodurch natürlich auch das Weibliche sich nicht voll entfalten kann. Nicht umsonst sieht die griechische Mythologie Mars – das urmännliche Prinzip – und Venus – das urweibliche Prinzip – als das ideale Liebespaar an. Mars in seiner ungebrochenen Männlichkeit läßt Venus zu ihrer ungebrochenen Weiblichkeit erblühen, während Venus die Potenz von Mars mit Freude steigert. Da all diese Göttergeschichten die inneren Kämpfe des Menschen widerspiegeln, sagt uns dieser wohlbekannte Mythos, daß nur eine ungestörte Männlichkeit eine strahlende weibliche Seite in uns fördert. Das Umgekehrte gilt zweifelsohne genauso.

C. G. Jung sieht als Ziel unseres Entwicklungsweges, daß wir in der Lage sind, unsere weibliche und unsere männliche Seite zugleich zu leben. Das ist jedoch nur möglich, wenn wir auf die innere Stimme unseres kämpferischen Ichs lauschen und auf sie reagieren. Tun wir das nicht, lehnen wir den männlichen Anteil in uns ab.

Ein geschwächtes kämpferisches Ich zeigt sich in einem schwach ausgeprägten Willen. Der wiederum zeigt sich oft darin, daß wir nicht so recht wissen, was wir wollen. Dadurch werden wir wie ein Blatt im Wind hierhin und dorthin getrieben, ohne eine bestimmte Richtung verfolgen zu können. Diese leidige Situation öffnet Tor und Tür für Sorgen, Ängste und Befürchtungen. Man selbst hat nämlich keine Macht über seine Entscheidungen und die Situation, in der man sich befindet, und fühlt sich hilflos dem Schicksal ausgeliefert. Wer nicht weiß, was er will, weiß nicht, was ihm geschieht.

Als typisches Symptom für ein mißachtetes kämpferisches Ich sieht Jung (im Gegensatz zu Freud) hysterische Verhaltensweisen an, die heutzutage – im Gegensatz zum vergangenen Jahrhundert – gehäuft auch bei Männern auftreten. Hysterische Verhaltensweisen sind immer der Ausdruck fehlgeleiteter Energien – und zwar speziell fehlgeleiteter aggressiver und/oder sexueller Energien. Da sich das geschwächte kämpferische Ich vor der Macht dieser Energien fürchtet, statt sie zu bekämpfen, versucht es, sie in andere Verhaltensweisen abzuleiten und so zu neutralisieren. Das mißlingt jedoch meistens, da solche Energien danach streben, sich direkt auszudrücken. Es widerstrebt beispielsweise den sexuellen Energien, durch einen Zwang zur Sauberkeit und Korrektheit neutralisiert zu werden. Sie rächen sich für solch sublimierendes Verhalten, indem sie wie in unserem Beispiel Sauberkeit und Korrektheit zum Zwang werden lassen. Im Grunde änderte sich dadurch nur, daß wir nun am Putz- und Ordnungszwang leiden statt an unserem sexuellen Begehren. Ob das eine Lösung ist, wage ich zu bezweifeln.

Zwänge aller Art stellen die Gesichter eines geschwächten kämpferischen Ichs dar, das nach gewohnter Art selbstaggressiv wird.

Wer sein kämpferisches Ich vernachlässigt, muß mit folgenden psychischen Problemen rechnen:

- auf Grund eines geschwächten Selbstbewußtseins ein geringes Durchsetzungsvermögen;
- unkontrollierte und unangemessene Aggressionsausbrüche in unpassenden Situationen;
- eine Schwächung seiner männlichen Seite und dadurch unvermeidbar auch eine Schwächung seiner weiblichen Seite;
- Willensschwäche und damit zusammenhängend eine fatale Ziellosigkeit;
- Zwänge aller Art;
- nach Jung ist die Hysterie auf verdrängte Aggressionen zurückzuführen.

Körperliche Probleme

Reagieren wir nicht oder zu spät auf die Bedürfnisse unseres kämpferischen Ichs, werden wir zumindest auf die Dauer mit körperlichen Schwierigkeiten zu rechnen haben. Es ist eine Gesetzmäßigkeit des Menschen, daß, wenn wir nicht auf die subtilen Töne unserer Psyche hören, unser Körper sprechen muß. Das bedeutet in diesem Fall, daß unser kämpferisches Ich sich gegen uns selbst wendet und so zu selbstaggressivem Verhalten führt. In harmlosen Fällen beißen wir unsere Nägel ab oder zerkratzen unser Gesicht. In dramatischeren Fällen entstehen schwere körperliche Krankheiten.

Allerdings kann sich die Mißachtung oder Verletzung unseres kämpferischen Ichs auch in einer Häufung von Verletzungen oder Unfällen zeigen. Besonders sogenannte marsische Verletzungen wie sich zu stechen, sich zu schneiden oder sich hart zu stoßen sind als verzweifelter Ausdruck eines mißachteten kämpferischen Ichs anzusehen.

Eines der ersten körperlichen Symptome dieser Mißachtung sind oft Verdauungsprobleme. Das heißt im übertragenen Sinne, daß wir etwas in uns aufgenommen haben, das wir nicht verdauen können. Wir konnten uns also nicht abgrenzen, nicht «nein» sagen und uns verweigern. Bedenken Sie stets, daß man seine Erlebnisse wie seine Nahrung verdaut. Verstopfung (Obstipation) bedeutet beispielsweise, daß wir etwas in uns aufnahmen, das wir nicht verarbeiten können. Das heißt, daß wir Nährendes und Unverdauliches nicht voneinander trennen können. Auch saures Aufstoßen und Sodbrennen verweisen darauf, daß wir noch etwas zu verdauen haben. Wir sind sozusagen «sauer».

Ein minderwertiges kämpferisches Ich macht sich ferner in klassischen psychosomatischen Erkrankungen wie Magengeschwüren und Gallenleiden bemerkbar. Weisen Sie eine Neigung zu diesen Erkrankungen auf, sollten Sie unterstützend zur medizinischen Behandlung Ihre kämpferische Seite stärken (zum Beispiel durch die hier vorgestellten Übungen).

Wer sein kämpferisches Ich vernachlässigt, muß mit folgenden körperlichen Problemen rechnen:

- Bei langfristiger Mißachtung des kämpferischen Ichs entsteht Krebs als Form der Selbstaggression (nach W. Reich speziell in Verbindung mit einem geschwächten sexuellen Ich);

- gehäuft treten Verletzungen auf;
- Verdauungsprobleme und Sodbrennen können sich einstellen;
- eine Neigung zu Magengeschwüren und Gallenleiden macht sich bemerkbar.

Die Bejahung

Kampf und Aggression sind Energie. Jeder Mensch hat ein bestimmtes Kampfpotential. Der Kampf ist uns angeboren, ohne ihn können wir nicht leben, ohne ihn würde unser Leben nicht voranschreiten. Kampf oder Aggression sind schlicht die Energie, die wir zum Leben brauchen.

Amano

Unser kämpferisches Ich wird speziell in Japan hoch in Ehren gehalten. Besonders in den Kampfsportarten bemüht man sich, es im sogenannten *Hara* zu spüren, das im Bereich des Nabels – am Schwerpunkt des Körpers – liegt. Eine Beschäftigung mit Kampfsportarten stärkt nicht nur unsere kämpferische Seite, sondern veredelt und differenziert sie auch. Denn die Stärkung unseres kämpferischen Ichs darf keineswegs als undifferenzierter Aggressionsausdruck mißverstanden werden. Das führt zu einem zerstörerischen Jähzorn und zu cholerischen Ausbrüchen statt zur Befreiung. Ein differenziertes kämpferisches Ich kämpft, um sich in seiner Emotionalität auszudrücken und sich zu behaupten, ohne jedoch zu zerstören. Gelingt es einem, so zu kämpfen – und damit den Weg des Kriegers zu beschreiten –, dann gewinnt man eine klare Durchsetzungskraft und kann im positiven Sinn Macht ausüben. Man kann sich selbst und andere zur Lösung von Aufgaben und Problemen begeistern. Man ist einsatz- und durchsetzungsfähig und wird seine Mitmenschen mitreißen.

Die Bejahung unseres kämpferischen Ichs ist notwendig, um in unserer Gesellschaft Erfolg zu haben. Wenn Daniel

Goleman in seinem Bestseller *Emotionale Intelligenz* eben diese hoch lobt, dann ist mit jener Intelligenz weitgehend die Fähigkeit gemeint, mit seinem kämpferischen Ich in Harmonie zu leben. Wer seine Wut und Aggressionen bejaht, kann deren Ausdruck gestalten und kontrollieren. Wer diese Emotionen jedoch ablehnt, wird auf die Dauer ein Opfer seiner Wut und seiner Aggressionen werden.

Wer sein kämpferisches Ich bejaht, kann seinen Platz im Leben behaupten. Das heißt letztendlich, daß er sich emanzipiert hat. Er ist erwachsen geworden, da er für sich selbst einstehen und sorgen kann. Damit hat er die Elternfixierungen überwunden und ist dem (regressiven) Stand des Muttersöhnchens oder «Vaters lieber Tochter» entwachsen.

Im Gegensatz zur europäischen, hinduistischen und buddhistischen Tradition nimmt man in Japan an, daß sich die Lebensenergie in unserem kämpferischen Ich ausdrückt. Aus dem Hara kommt für die japanischen Kämpfer die Lebenskraft (und nicht primär aus dem energetischen Ich am Ende unserer Wirbelsäule, wie in Indien, Nepal und Tibet angenommen wird). Die Verneinung dieses kämpferischen Ichs zeigt sich deutlich im *Harakiri*, der rituellen Selbsttötung der Japaner, bei der das Schwert in die Nabelgegend gestoßen wird, genau dorthin, wo unser kämpferisches Ich wohnt. Die Tötung geschieht also dadurch, daß das kämpferische Ich erschlagen wird.

Vielleicht gehören Sie zu denjenigen Menschen, die Spaß am Kampf haben. Den sollten Sie sich auf keinen Fall nehmen lassen, denn Kampf gehört zum Leben wie die Liebe – es kommt nur darauf an, wie man kämpft. Menschen, die ihr kämpferisches Ich bejahen, setzen sich gerne durch und lieben Widerstände, die sie überwinden können.

Sie werden vom Wettbewerb angezogen und setzen alles ein, um zu gewinnen. Leistungssportlerinnen und führende Manager finden wir in dieser Gruppe genauso wie Rechtsanwälte, Strafverteidiger und sogenannte Aufsteiger. Der amerikanische Mythos des Aufstiegs vom Tellerwäscher zum Millionär beschreibt sehr treffend den Menschen, der einseitig auf sein kämpferisches Ich hört und sich wie Henry Ford mit Ellenbogen nach vorne kämpft. Wenn Sie einem solchen kämpferischen Menschen ähneln, ist es für Sie unnötig, die folgenden drei Übungen durchzuführen. Wenden Sie sich besser den Übungen zum mitfühlenden Ich zu, die Ihnen neue Erfahrungsräume erschließen können.

Übungen

Die meisten Übungen zur Bewußtwerdung und Stärkung unseres kämpferischen Ichs zielen darauf ab, daß wir möglichst früh Ängste in uns wahrnehmen – im Idealfall schon in dem Augenblick, in dem wir sie erschaffen. Das lernt man für gewöhnlich dadurch, daß man im Moment der Wahrnehmung seiner Ängste diese zurückverfolgt. Man wird sich auf diese Weise bewußt, wodurch die Ängste ausgelöst wurden. Richtet man seine Aufmerksamkeit immer wieder auf die Auslöser für seine Ängste, wird es einem – zumindest auf die Dauer – gelingen, sich seiner Ängste gleich bei ihrer Entstehung bewußt zu werden. Haben Sie dieses Bewußtseinsstadium erreicht, werden sich Ihre Ängste allmählich auflösen. Ängste haben nämlich glücklicherweise nur dann Macht über Sie, wenn Sie sich ihrer im Moment ihres Auftretens nicht bewußt sind. Alles, was bewußt erfahren wird, kann man ändern und gestalten. Nur was unbewußt erlebt wird, besitzt Macht über einen. Die folgenden drei Übungen zielen darauf ab, unseren Schatten bewußter wahrzunehmen. Wie schon Brecht in seiner Ballade von Mecki Messer betont, sieht man nur das, was im Licht (also im Bewußtsein) ist; für das, was im Schatten liegt, ist man blind.

Unser kämpferisches Ich muß nicht nur seine Kämpfe im Außen, sondern auch besonders die Kämpfe im Inneren bestehen. Bezogen auf den Schatten bedeutet das, daß dieses Ich den Widerstand dagegen überwinden muß, auch die abgelehnten Eigenschaften und Seiten an uns zu akzeptieren. Wenn Sie die folgenden Übungen regelmäßig durchführen, werden Sie auch Ihre ungeliebten Seiten lieben lernen.

Die Suche nach dem Schatten

Übung zur Vereinigung mit unserem Schatten

Dauer der Übung: Sie kann immer wieder, über Monate und Jahre, in unserem Alltagsleben durchgeführt werden. Die eigentliche Erkenntnis des Schattens geschieht blitzhaft.

Schwierigkeitsgrad: relativ einfach. Die größte Schwierigkeit besteht darin, die Disziplin aufzubringen, diese Übung regelmäßig durchzuführen.

Jeder Mensch besitzt einen Schatten, der sich als die Eigenschaften zeigt, die nicht in sein Selbstbild passen wollen. Da sie sich nicht in das idealisierte Selbstbild fügen wollen, erleben wir diese Eigenschaften ständig in anderen Menschen. Liegt beispielsweise unsere Aggressivität im Schatten, erscheinen uns unsere Mitmenschen als aggressiv. Diese einfache Übung stärkt unsere realistische Selbsterkenntnis, indem sie unser Bewußtsein dafür schärft, was wir auf andere Menschen projizieren. Betrachten Sie also mit Vorliebe diejenigen Menschen, die Sie als unsympathisch, ekelhaft oder fürchterlich ablehnen. Suchen Sie mindestens drei Eigenschaften, mit denen Sie diese Menschen charakterisieren würden. Im zweiten Schritt beziehen Sie diese Eigenschaften auf sich selbst.

Sie mögen diese Eigenschaften zunächst ablehnen, aber bei ehrlicher Betrachtung werden Sie bemerken, daß gerade das Ihre eigenen Eigenschaften sind, mit denen Sie (bei sich selbst) auf Kriegsfuß stehen.

Diese Betrachtung stellt jedoch nur die Vorübung dar. Die eigentliche Übung findet im Alltagsleben statt. Sie besteht darin, daß Sie sich bei Menschen, die Sie treffen und ablehnen, sogleich fragen, welche Ihrer Probleme hier angesprochen werden. Wenn Sie das regelmäßig durchführen, wird Ihnen langsam, aber sicher Ihr Schatten bewußter. Sie gewinnen ein realistisches Selbstbild und machen sich nicht mehr so viel vor.

Diese Übung kann man – und sollte man – über längere Zeit durchführen. Wenn Sie die Disziplin dazu aufbringen, können Sie monate- oder gar jahrelang von dieser Übung profitieren. Sie werden verblüfft sein, wieviel Unbekanntes und Abgelehntes in Ihnen wohnt. All dieses Unbekannte und Abgelehnte hemmt speziell Ihr kämpferisches Ich, es sei denn, Sie machen es sich bewußt. Für den Mut, Ihre Schattenseiten zu betrachten, ist wiederum Ihr kämpferisches Ich nötig.

> **Seine Aggressionen betrachten**
>
> *Übung, um den unbewußten Ausdruck seiner Aggressionen zu erkennen*
>
> Dauer der Übung: nicht mehr als zwei Stunden pro Woche
>
> Schwierigkeitsgrad: Sie ist wie viele Übungen, die im Alltagsleben stattfinden, für Anfänger zunächst schwer durchführbar. Wenn man für ein bis zwei Wochen die vorausgehende Übung praktiziert hat, fällt einem diese Übung deutlich leichter und sollte problemlos durchführbar sein.

Diese Übung besteht darin, daß man seine Aggressionen für einen festgelegten Zeitraum nicht ausdrückt und sie statt dessen genauestens wahrnimmt.

Ein vernachlässigtes kämpferisches Ich zeigt sich in einem unbewußten und unangemessenen Ausdruck von Aggressionen. Normalerweise sind wir uns dieses unangemessenen Aggressionsausdrucks kaum bewußt. Ganz im Gegenteil wiegen wir uns oft in der Illusion, daß unsere Aggressionsäußerungen uns weiterbringen und befreien würden. Betrachten wir bewußt unsere Aggressionen, bemerken wir schnell, daß ihr Ausdruck stets nach dem gleichen Schema abläuft. Falls wir denken, daß wir durch solche Ausbrüche die Situation beherrschen, lehrt uns die bewußte Betrachtung, daß wir völlig von der Situation abhängen und nur reagieren.

Sie mögen jetzt ungläubig Ihren Kopf schütteln und meine Ansichten ablehnen. Besonders wenn Sie eine Frau sind, werden Sie es als Fortschritt betrachten, wenn Sie Ihre Aggressionen in der Situation ausdrücken können. Schreien Sie ruhig. Es ist zweifelsohne ein Fortschritt, seine Aggressionen in der Situation und nicht erst später zu äußern. Die wahre Befreiung und Stärkung unseres kämpferischen Ichs liegt jedoch erst darin, daß wir mit klarer Bewußtheit unsere Aggressionen einsetzen oder auch nicht einsetzen können. Dazu verhilft diese Übung.

Wie gesagt, drücken Sie bei dieser Übung aufsteigende Aggressionen nicht aus. Das bedeutet keineswegs, daß Sie diese Aggressionen verdrängen. Wenn in einer Situation Aggressionen aufsteigen, werden Sie sich völlig darüber klar, was Sie am liebsten tun würden. Nehmen Sie Ihre Phantasien und Emotionen genau wahr, setzen Sie diese aber nicht in die Tat um. Sie werden dadurch in einen großen Spannungszustand geraten, dessen Energie Sie dazu benutzen sollten, sich Klarheit über Ihre Reaktionsmuster zu verschaffen. Psychologisch ausgedrückt bedeutet das, daß Sie nichts ausagieren, sondern die innere Spannung in Erkenntniskraft transformieren.

Wenn Sie diese Übung öfters durchführen, wird Ihnen deutlich werden,
- daß Sie stets völlig automatisch Ihre Aggressionen ausdrücken;
- daß Sie reagieren statt agieren und in völliger Bewußtlosigkeit der Situation ausgeliefert sind;
- daß Sie sich mit einem derart unbewußten Ausdruck von Aggressionen von Ihrem Ziel entfernen.

Wenn Ihnen das bewußt wird, werden Sie Wege finden, Ihre Aggressionen klug und zielgerichtet auszudrücken oder sich den Ausdruck der Aggressionen zu versagen, wenn dies vorteilhafter für Sie ist. Das heißt mit anderen Worten: Sie werden zum Meister Ihres kämpferischen Ichs und lassen sich nicht mehr von einem mißachteten kämpferischen Ich tyrannisieren. Welch einen wichtigen Bewußtseinsfortschritt das für Sie bedeutet, können Sie erst richtig ermessen, wenn Sie diese Übung öfters durchführen.

Seine Abhängigkeit von Lob und Beifall bewußt wahrnehmen

Übung, um die mehr oder weniger unbewußte Abhängigkeit von Lob und Beifall zu erkennen

Dauer der Übung: zunächst nicht mehr als zwei bis drei Stunden pro Woche, später sollte man sich sogleich dieser unseligen Abhängigkeit bewußt werden, wenn sie auftritt.

Schwierigkeitsgrad: relativ einfache Übung. Die Schwierigkeit liegt eher darin, die Disziplin aufzubringen, sie regelmäßig durchzuführen. Meistens gehen wir im Halbschlaf durch unser Leben und nehmen solche Abhängigkeiten gar nicht wahr.

Eine weitverbreitete Schädigung unseres kämpferischen Ichs wird durch unsere heillose Abhängigkeit von Lob, Anerkennung, Beifall und Zuwendung verursacht. Meistens haben wir schon als Kind gelernt, alles zu tun, um solche Liebeszuwendungen zu bekommen. Damit sind wir jedoch völlig manipulierbar geworden, und unsere eigene

Identität wurde geschwächt. Unser kämpferisches Ich haben wir versteckt. Wir wagten es nicht, ihm Raum zu geben, damit es sich äußern konnte, da wir mit Liebesentzug rechneten. Dieses Szenario ist typisch für die Kindheit, und es wird von der Familie, der Schule und den meisten Arbeitssituationen mit «sanfter Gewalt» inszeniert.

Auf der anderen Seite ist es nur natürlich, wenn man sich über Lob, Beifall, Anerkennung – kurzum: über Liebeszuwendung – freut. Daran ist zunächst nichts falsch. Es schädigt unser kämpferisches Ich erst dann, wenn wir suchthaft danach streben, alles zu tun, um diese Zuwendungen und Anerkennungen zu bekommen. Wenn wir also buckeln und kriechen, um Anerkennung zu bekommen, dann muß unser kämpferisches Ich schrecklich leiden. Anerkannt zu werden ist schön; von Anerkennung abhängig zu sein ist äußerst destruktiv. Die Übung besteht darin, daß Sie zunächst für ein bis zwei Wochen jeden Abend in Ihrem Tagebuch aufschreiben, was Sie alles getan haben, um Lob, Beifall und Anerkennung zu bekommen. Seien Sie absolut ehrlich zu sich, und machen Sie sich nichts vor! Es hilft, wenn Sie sich beim Aufschreiben jeglicher Bewertung enthalten.

Diese kleine Vorübung hat Sie vorbereitet, um jetzt zur eigentlichen Übung fortzuschreiten, die in Ihrem Alltagsleben stattfindet.

Sie werden beim Aufschreiben sicherlich gemerkt haben, daß Sie in gewissen Situationen ganz besonders anerkennungssüchtig sind. Der eine ist beispielsweise sehr anerkennungssüchtig, wenn er sich in der Gesellschaft schöner Frauen befindet, der andere wird unter dem Blick von Autoritätspersonen identitätslos anerkennungssüchtig. Ich werde zum Beispiel – wie viele Menschen in meinem

Beruf – in Anwesenheit der Medien (Radio-, Fernseh- oder Zeitschriftenredakteuren) erschreckend anerkennungssüchtig. Frauen wurden oft in unserer Gesellschaft daraufhin erzogen, von männlicher Anerkennung abhängig zu werden, genauso wie die Studenten vor dem Herrn Professor alles mögliche und unmögliche für ihre Anerkennung tun. Ihnen sind solche Situationen sicher nicht fremd – und falls ja, nehme ich an, daß Sie sich holden Illusionen hingeben.

Wenn Sie also die Situationen, in denen Sie anerkennungsanfällig sind, kennen, besteht die eigentliche Übung darin, daß Sie sich bemühen, sich in diesen Situationen genau zu beobachten. Es wäre falsch, sich vorzunehmen, sein Verhalten auf der Stelle zu ändern. Solche Vorsätze wirken wie die Vorsätze zum Neuen Jahr, die geradezu darauf angelegt sind, gebrochen zu werden. Wenn Sie sich dagegen in solch kritischen Situationen «nur» bewußt und wertungsfrei beobachten, wird sich auf die Dauer Ihr Verhalten ändern, und Ihr kämpferisches Ich wird gestärkt werden.

Es scheint ein psychisches Gesetz des Ausgleichs zu geben. Dieses Gesetz wirkt auf diese Weise, daß alle unsere sieben Ichs sich gerade dann wieder harmonisch ordnen, wenn wir sie bewußt und wertungsfrei betrachten. Wenn wir dagegen in das Gefüge der sieben Ichs eingreifen wollen, schaffen wir häufig ungewollte Disharmonien, da wir einseitig mit dem Verstand Ordnung schaffen wollen.

Das mitfühlende Ich

Der Mensch bringt täglich seine Haare in Ordnung, warum nicht auch sein Herz?

Chinesische Weisheit

Das mitfühlende Ich stellt sich vor

«*Hallo, wie geht es dir?*
Achte doch auch mal auf mich! Ich bin dein mitfühlendes Ich. Ich bin derjenige in dir, der – wenn auch vielleicht etwas verschämt – für Lady Di und Mutter Teresa schwärmt. Ich bin dein soziales Gewissen, und ich bin es, der betroffen vom Leid anderer ist und der dem Bettler eine Mark gibt. Freilich bin ich oft gerührt, aber das brauchst du doch auch!»

«Du bist also der Sozialarbeiter, der Therapeut und die Krankenschwester in mir, mit denen ich nicht selten hadere. Immer willst du anderen helfen, die sich besser selber helfen würden.»

«Nun sei mal ganz still. Helfe ich dir nicht auch oft, wenn du wegen eines Mißerfolgs wieder niedergeschlagen bist, wenn du dich alleine und verlassen fühlst und wenn du Angst hast zu verarmen? Ich bringe Wärme und Herzlichkeit in dein Leben, ohne die du verwelken würdest wie eine Blume ohne Wasser. Du solltest über mich und meine Aktivitäten froh sein, denn letztendlich bin ich es, der dein Leben lebenswert macht. Ohne mich wärest du hart und kalt wie Stein – du kennst doch das Märchen ‹Das steinerne Herz›, aus dem die Volksweisheit spricht. Ohne meinen Einfluß wirst du keine Liebe und Zuwendung bekommen. Du tust also gut daran, mich zu beachten und zu pflegen.

Ich weiß sehr wohl, daß gerade Männer mit mir Schwierigkeiten haben und gar nichts von mir wissen wollen. ‹Das ist Frauensache!› rufen sie erschrocken und fürchten um ihre Männlichkeit, die doch hart und objektiv sein sollte. Aber ich kann diesen Männern nur eines sagen: ‹Der neue Mann ist mitfühlend, und ist er das nicht, dann wird er krank und fürchterlich enden.›

Ob Frau oder Mann – jeder braucht mich und sollte nicht nur zu seinem eigenen Nutzen auf meine Stimme hören.»

Obwohl das mitfühlende Ich als positive Kraft in allen Religionen hoch gelobt wird, scheint es in unserem heutigen Alltagsleben nur wenig Raum zu erhalten. Buddhisten, Sufis und auch Christen sehen jedoch in diesem Ich die wichtigste Kraft in uns. Sie gehen sogar teilweise so weit zu sagen, es sei gerade diejenige Kraft in uns, die das Göttliche am besten widerspiegele. Nicht zufällig ist das Herz – der Ort, an dem dieses Ich wohnt – das archetypische Symbol der Liebe, und ohne Liebe kann der Mensch nicht leben. So ist es leicht einzusehen, wenn die Verbindung mit diesem Ich auf dem spirituellen Weg gesucht werden sollte.

In vielen alten Weisheitslehren wird die Ansicht vertreten, daß man gerade mit der Stärkung dieses Ichs seinen Weg zur Bewußtheit beginnen sollte. Wenn auch keines der sieben Ichs in uns wichtiger oder besser als die anderen ist, so kommt doch diesem Ich die wichtige Aufgabe zu, uns für die zentrale Kraft der Liebe zu öffnen. Wenn wir verliebt sind und wenn wir lieben, ist dieses Ich stets aktiv. Es repräsentiert die Kraft in uns, die unsere Ichbezogenheit relativiert.

Stärkt das zuvor vorgestellte kämpferische Ich eher unsere egoistische Seite, so schlägt das Pendel mit diesem mitfühlenden Ich wieder zur anderen Seite aus. Der Mensch braucht beides: Er lebt in der Spannung von Ichbezogenheit und der Relativierung seines Ichs. Anders als das sexuelle Ich, das zweifelsohne auch unseren Egoismus relativiert, wirkt das mitfühlende Ich nicht primär durch die körperliche Anziehung, sondern eher durch geistig-emotionale Anziehungs- und Bindekräfte. Deswegen wird diesem Ich in der ostasiatischen Philosophie das Element der Luft zugeordnet, das die geistigen Kräfte symbolisiert.

Zugleich wird mit dieser Zuordnung betont, daß unser mitfühlendes Ich ein erkennendes Ich ist. Die wahre Erkenntnis und das Verständnis unserer Umwelt ist nur mit dem Herzen beziehungsweise mit der Kraft des Mitgefühls möglich. Das deckt sich erstaunlicherweise mit der Position der modernen Physik seit Albert Einstein (1879–1955), die auch davon ausgeht, daß Beobachter und Beobachtetes untrennbar eins sind. Auf der sozialen Ebene ist hier die Identifikation angesprochen: Wir verstehen den anderen nur, wenn wir uns in ihn hineinversetzen und uns so mit ihm identifizieren. Diese Identifikation ist sozusagen die «Spezialität» unseres mitfühlenden Ichs und die Grundlage jeglichen Mitgefühls.

Dieses mitfühlende Ich ist also für Offenheit, Wärme, Lebensfreude und tiefere Erkenntnis zuständig, und auf diese Qualitäten wollen Sie doch nicht verzichten – oder?

Die Vernachlässigung

Alle Belehrung geht vom Herzen aus.

Friedrich Hebbel

Wer sein mitfühlendes Ich vernachlässigt, läuft Gefahr, sich zu isolieren und an seinem Egoismus zu erstarren. Man könnte auch sagen: Wer die Kraft der Liebe nicht kennt, der kann nicht fruchtbar und lebendig sein Leben bestehen. Normalerweise haben wir zu Beginn unserer Lebensreise einen guten Kontakt zu diesem Ich, der besonders bei Kindern hervorragend ausgebildet ist. Mit dem Älterwerden wird jedoch dieser Kontakt oftmals schwächer, da wir fälschlich glauben, uns dieses Mitgefühl nicht leisten zu können. Wenn es in der *Bergpredigt* heißt: «Werdet wie die Kinder», dann wird unter anderem die Wiederbelebung dieses Kontakts angesprochen, ohne die das Himmelreich nicht zu erreichen ist. Dabei sollten wir uns das vielzitierte Himmelreich jedoch keineswegs im Außen vorstellen. Dieses Himmelreich liegt nicht auf Wolke Sieben irgendwo in den oberen Atmosphäreschichten, sondern in jedem von uns. Wenn wir lieben, leben wir zum Beispiel aus diesem inneren Bereich heraus. Deswegen sagen Liebende bisweilen von sich: «Ich fühle mich himmlisch». Wenn wir mit dem Älterwerden jedoch Liebe, Offenheit, Wärme und Mitgefühl vor lauter Karrierestreben vernachlässigen, wird unser Lebensabend höllisch werden. Das weiß eigentlich jeder, und dennoch beherzigt selten jemand diese Einsicht – und landet nur zu leicht einsam und verbittert im Pflegeheim, wo er völlig vom Mitgefühl anderer Menschen abhängig wird. In Asien würde man das als die Wirkung des Gesetzes von Ursache und Wirkung – kurz *Karma* genannt – verstehen. Wer sein mitfühlendes Ich vernachlässigt, zieht also ein schlechtes Karma an!

Psychische Probleme

Der mangelnde Kontakt mit seinem mitfühlenden Ich oder gar dessen Vernachlässigung ruft psychische Probleme hervor. Eines der Hauptprobleme ist ein einseitiger Egoismus, der sich meistens pathologisch zu krankhaftem Argwohn und Mißtrauen steigert. Diese Symptomatik führt unweigerlich zur Isolation und zu einer nur schwer erträglichen Vereinsamung. Das Paradox in dieser Situation liegt darin, daß man meint, seine Bedürfnisse in cleverer Weise der Welt gegenüber durchzusetzen, und gerade dadurch fundamental gegen seine eigenen Bedürfnisse handelt. Man mag wohl durch die Vernachlässigung seines mitfühlenden Ichs äußerlich reich werden (obwohl ich auch dies bezweifle), aber innerlich verarmt man dadurch in verheerender Weise. Das zeigt sich zumeist darin, daß man sich gegen sich selbst und andere unnötig hart verhält, bitter wird und jeden Hauch von Liebe argwöhnisch abwehrt. Man verliert seine Liebesfähigkeit und rationalisiert dies dadurch, daß man anderen Menschen die Schuld gibt, die angeblich unter dem Deckmantel der Liebe einen nur ausbeuten wollen. Überhaupt sieht man zunehmend die schlechte Seite der Mitmenschen, die einem den Spiegel vorhalten. Daß es sich hierbei um reine Projektionen handelt, weist man jedoch weit von sich.

Wer den Kontakt zu seinem mitfühlenden Ich vernachlässigt, dem fehlt meistens die Demut. Er ist überheblich und atemberaubend unkritisch von sich selbst überzeugt. Er sieht sich als den Nabel der Welt und denjenigen, der weiß, wo und wie es lang geht. Dieser Mangel an Demut kann sich so weit steigern, daß er psychotische Dimensionen annimmt. Eine solche Psychose zeigt sich darin, daß man nur in seiner eigenen Welt lebt und die der anderen gar nicht wahrnimmt und deshalb auf sie weder eingehen kann, noch eingehen will. Aber auch wenn es nicht gleich zur Psychose kommt, wirkt solch ein Mensch nicht gerade anziehend auf seine Umwelt. Er gleicht eher einer mißtrauisch geizigen Romanfigur – wie zum Beispiel Ebenezer Scrooge (aus der Erzählung *Christmas Carol* von Charles Dickens) oder dem Juden Shylock (aus *Der Kaufmann von Venedig* von William Shakespeare) – als einem wirklichen Menschen aus Fleisch und Blut.

Ich habe diesen armen Menschen mit pädagogisch erhobenem Zeigefinger sicherlich etwas extrem gezeichnet. Mein mitfühlendes Ich drängte danach, Sie – liebe Leserin und lieber Leser – eindrücklichst zu warnen. Ich muß dieses Horrorzenario jedoch etwas relativieren: Von Zeit zu Zeit verfallen wir alle der Illusion, unser mitfühlendes Ich würde unser Fortkommen behindern. Es kommt darauf an, was Sie wollen: Wenn Sie reich werden wollen und von Macht besessen sind, mag Ihr mitfühlendes Ich Sie bisweilen behindern. Aber seien Sie ehrlich: Bringen Geld und Macht Ihnen wirklich das Glück, nach dem Sie sich im tiefsten Grunde Ihres Herzens sehnen?

In der Auseinandersetzung mit Ihrem mitfühlenden Ich müssen Sie sich entscheiden, was Ihnen wichtig ist. Wollen Sie einseitig Ihrem kämpferischen Ich folgen und ohne

Rücksicht auf Verluste mit Ellenbogen den Weg des Erfolgs beschreiten oder wollen Sie auch anderen, sozialen Werten einen Raum geben?

Ich kann Sie beruhigen: Dieser Gegensatz ist im Grunde kein realer Gegensatz, er ist uns nur durch unsere Erziehung als Gegensatz dargestellt worden. Sie können auch erfolgreich und innerlich ebenso wie äußerlich reich werden, wenn Sie auf Ihr mitfühlendes Ich hören. Das Wichtigste im Umgang mit unseren unterschiedlichen Ichs ist, daß Sie jedem Ich seinen Platz einräumen und nicht ein Ich dem anderen vorziehen. Versuchen Sie, alle Ihre Ichs in Harmonie zu bringen. Das ist die Weisheit der harmonischen und erfolgreichen Lebensführung. Es wäre völlig falsch, nur auf sein mitfühlendes Ich zu hören oder nur den Forderungen seines kämpferischen Ichs nachzukommen. Bringen Sie beide Ichs in den Ausgleich oder – wie der Buddhismus es ausdrückt – wählen Sie den mittleren Weg. Jede Einseitigkeit macht Sie letztlich unglücklich und läßt Sie unbefriedigt.

Wenn Sie Erfolg und Mitgefühl als Gegensätze sehen, werden Sie ewig innerlich zerrissen sein, wie Sie sich nun verhalten sollen. Eine zu einseitige Ausrichtung auf Ihr mitfühlendes Ich führt zu dem bekannten Helfersyndrom, bei dem Sie mit Ihren eigenen Bedürfnissen zu kurz kommen. Wenn Sie nicht den Weg des Heiligen oder des Märtyrers gehen wollen, dann hilft Ihnen ein solches Verhalten wenig dabei, Glück zu erfahren. Eine Mißachtung Ihres mitfühlenden Ichs ist aber auch kein Rezept für Glück, denn Sie werden innerlich veröden und sich auf unselige Weise isolieren. In unserer Gesellschaft wird jedoch meistens der Erfolg über alles gestellt, und so kommt unser mitfühlendes Ich zu kurz. Deswegen habe ich die Wichtigkeit, das mitfühlende Ich zu stärken, betont. Als Psychotherapeut konnte ich immer wieder beobachten, daß grundlegende Störungen und tiefe Unzufriedenheiten daher kommen, daß wir das mitfühlende Ich als eine Art Luxus betrachten, den wir uns nicht leisten können. Wenn Sie sich diesen «Luxus» nicht leisten, werden Sie fürchterlich neurotisch und zum sozialen Außenseiter werden. Den Reichtum, den Sie anhäufen wollen, werden Sie wieder für Therapien und Beratungen oder für Ersatzhandlungen ausgeben. Er nutzt Ihnen also wenig. Der Mensch ist nämlich ein gesellschaftliches Wesen, das nur schwerlich in der Isolation leben und dort erst recht nicht glücklich werden kann. So kann ich Ihnen nur raten, auf Ihr mitfühlendes Ich zu hören, wenn Sie nicht zum sozialen und emotionalen Krüppel werden wollen.

Wer sein mitfühlendes Ich vernachlässigt, muß mit folgenden psychischen Problemen rechnen:

- Argwohn und Mißtrauen werden zunehmend sein Leben beherrschen;
- durch einen Verlust der Liebesfähigkeit und des Mitgefühls kommt es zu einer sozialen Isolation;
- statt demütig tritt er überheblich dem Leben entgegen;
- ein schwaches mitfühlendes Ich kompensiert seine Schwäche durch das Helfersyndrom.

Körperliche Probleme

Eine Vernachlässigung Ihres mitfühlenden Ichs führt nicht nur zu psychischen, sondern auch – zumindest auf die Dauer – zu physischen Problemen. Es ist naheliegend, daß, wer seine Herzkraft nicht stärkt, Herzprobleme bekommen wird. Das braucht nicht unbedingt gleich ein Herzinfarkt zu sein. Auch Kreislaufbeschwerden sind auf eine Mißachtung des mitfühlenden Ichs zurückzuführen. Das Herz kann einen gesunden Kreislauf nicht mehr aufrechterhalten. So wird es verständlich, daß gerade Spitzenmanager überdurchschnittlich häufig schon in jungen Jahren an Herzinfarkten sterben oder schwere Herz-Kreislauf-Probleme bekommen. Neben der klassisch medizinischen Behandlung wäre hier als unterstützende Kur ein Training zur Stärkung Ihres mitfühlenden Ichs ratsam. Mitgefühl ist also nicht nur Luxus, sondern auch Heilmittel.

Aber Herz- und Kreislauferkrankungen sind nicht die einzigen Probleme, in denen sich eine Mißachtung des mitfühlenden Ichs zeigt. Den Gegensatz zu unserem mitfühlenden Ich stellen unsere Tendenzen zur Distanz dar. Wir wollen dem anderen nicht nahe sein, sondern uns von ihm abgrenzen; wir möchten nichts mit ihm zu tun haben. In vielen spirituellen Gemeinschaften versuchte man, mit diesem Problem dadurch umzugehen, daß man gerade diejenigen Menschen in Gruppen zusammenbrachte, die sich nicht leiden konnten. Auf jeden Fall sind uns unsympathische Menschen sehr gute Lehrer. Wenn man distanziert und sich einseitig abgrenzend durch sein Leben geht, drückt sich das natürlich auch körperlich aus. Das zeigt sich besonders deutlich bei den Menschen, die distanziert in einer Beziehung leben und ihren Partner beziehungsweise ihre

Partnerin eigentlich ablehnen. Die Statistik zeigt deutlich, daß gerade solche Menschen überdurchschnittlich häufig an Allergien und Immunschwächen erkranken. Und sind es nicht diese Erkrankungen, so fühlen sie sich zumindest körperlich unwohl und nicht voll leistungsfähig. Häufig treten bei ihnen auch hypochondrische Tendenzen (eingebildete Krankheiten) auf, da sie zur sehr mit sich selbst beschäftigt sind. Ein starkes mitfühlendes Ich lenkt dagegen unsere Aufmerksamkeit von uns selbst weg auf andere. Das wirkt sich meistens äußerst positiv auf den allgemeinen gesundheitlichen Zustand aus. Zur Zeit der Trauer um den Tod von Lady Diana gingen zum Beispiel für zwei Monate die Einweisungen in den englischen Psychiatrien drastisch zurück.

Wer sich zu einseitig nur um sich selbst kümmert, der tut sich wahrlich nichts Gutes an. Wer dagegen mitfühlend um seine Mitmenschen bemüht ist, der hilft damit auch sich selbst und hält sich körperlich gesund und fit.

Wer sein mitfühlendes Ich vernachlässigt, muß mit folgenden körperlichen Problemen rechnen:

- einer Anfälligkeit für Herz-Kreislauferkrankungen
- dem Ausbruch von Allergien aller Art
- einer Anfälligkeit für Immunschwäche

Die Bejahung

Der Größenwahn wird durch keinen anderen Einfluß so mächtig unterdrückt wie eine das Individuum ergreifende Verliebtheit. Denn wo die Liebe erwacht, erstirbt das Ich.

Sigmund Freud

Dieses Zitat von dem Vater der Psychoanalyse zeigt, daß ein starkes mitfühlendes Ich uns vor den Gefahren des Egoismus bewahrt. Von der Stärke dieses Ichs ist nämlich unsere Liebesfähigkeit abhängig. Und ich gehe davon aus, daß Sie – wie ich und die meisten Leserinnen und Leser dieses Buches – lieben und geliebt werden möchten. Sagen Sie einfach «ja» zu Ihrem mitfühlenden Ich. Sie werden merken, daß Ihr Leben froher und erfüllter wird.

Ich möchte Sie gerne dazu anstiften, sich zu verlieben und anderen Menschen zu helfen und zu unterstützen. Alle Religionen und Weisheitslehren sehen dies als einen Weg zur Befreiung an, und Sie haben es wahrscheinlich schon selbst gespürt: Wenn Sie Ihrem Mitgefühl folgen, wird Ihr Leben glücklicher. Und sind Sie selbst glücklich und erfüllt, verstärken Sie damit das Positive in unserer Welt, was man als die vornehmste Aufgabe des Menschen ansehen könnte.

Werden Sie sich der positiven Kraft Ihres mitfühlenden Ichs bewußt, und bejahen Sie diese Kraft, um sich selbst auch etwas Gutes zu tun! Wir leben in einer Gesellschaft, die dazu neigt, das mitfühlende Ich abzulehnen. Sprüche wie «Jeder ist für sich selbst verantwortlich» oder «Hilf dir selbst, so hilft dir Gott» beherrschen unsere Gesellschaft und prägen selbst Therapierichtungen wie die Gestalttherapie. Diese Ablehnung unseres mitfühlenden Ichs ist charakteristisch für unsere entfremdete Gesellschaft, über deren Unmenschlichkeit sich so viele beschweren. Um diese Unmenschlichkeit in Liebe und Mitgefühl zu verwandeln, fangen Sie am besten bei sich selbst an: Wenn Sie Ihr mitfühlendes Ich bejahen, leisten Sie damit einen wichtigen Beitrag zu einer humaneren Welt. Wenn Sie sich nicht zu diesem Ja durchringen können, dann sollten Sie sich nicht über die Unmenschlichkeit unserer Welt beschweren: Sie sind einer von denen, die diese Unmenschlichkeit unterstützen und produzieren!

Ich würde sogar so weit gehen zu behaupten, daß, wenn Sie Ihr mitfühlendes Ich nicht bejahen und stärken, Sie auch kein gutes Verhältnis zu sich selbst haben. Sie können sich nicht in sich selbst einfühlen und gehen viel zu hart und unbarmherzig mit sich selbst um. Wenn Sie sich überwinden, ja zu diesem Ich zu sagen, gehen Sie viel liebe- und verständnisvoller mit sich selbst um und werden dadurch viel liebenswürdiger. Die Herzen der anderen werden sich Ihnen öffnen, und Ihr Mißtrauen wird sich auflösen. Das ist praktiziertes positives Denken und Handeln.

Wenn Sie in Harmonie mit Ihrem mitfühlenden Ich leben, werden Sie wahrscheinlich ein Traumpartner sein, der in seiner Familie aufgeht und ein gutes Verhältnis zu seinen Kindern hat. Sie sind es, bei dem andere Menschen ihr Herz ausschütten und der ihnen helfen kann, ohne aufdringlich zu sein. Vielleicht sind Sie in einem typischen Frauenberuf wie Sekretärin tätig und unterstützen Ihren Chef in vorbildlicher Weise. Zu allen helfenden und sozialen Berufen werden Sie sich hingezogen fühlen, obwohl Sie dort auch die desillusionierende Erfahrung machen können, daß genau das nichts für Sie ist. Der Berufsalltag in diesen Bereichen wird Ihrem mitfühlenden Ich schwer zu schaffen machen. Wenn Sie sich in den Beschreibungen des letzten Abschnitts wiederfinden können, gehören Sie zu denjenigen Menschen, denen ihr mitfühlendes Ich zu einem engen Partner geworden ist. Sie würde es weiterbringen, Ihre anderen Ichs zu stärken. Ihr mitfühlendes Ich erfreut sich bester Gesundheit.

Übungen

Die im folgenden vorgestellten Übungen werden Ihnen helfen, Blockaden zu überwinden, die uns daran hindern, unser mitfühlendes Ich anzuerkennen und zu stärken. Jedes Ihrer Ichs ist einem Kind vergleichbar, das man mit Zuwendung fördern und stärken sollte. Die Übungen stellen solch ein Förderungsprogramm dar und helfen, daß dieses Ich erwachsen wird.

Wenn wir auf unser mitfühlendes Ich hören, befürchten wir häufig (meist zu Unrecht), daß wir von anderen ausgenutzt werden. Wenn Sie die drei Übungen zu diesem Ich regelmäßig durchführen, werden Sie solche hinderlichen und meist unberechtigten Gedanken verscheuchen. Treten sie dennoch auf und können Sie sich nicht gegen sie wehren, dann halten Sie inne, setzen sich hin und schreiben sich realistisch und genau auf, wie und in welchem Maße Sie ausgenutzt werden könnten. Danach schreiben Sie in Ihr Tagebuch, was Sie alles gewinnen könnten, wenn Sie der Stimme Ihres mitfühlenden Ichs folgen würden. Wägen Sie nun genau ab, wie Sie sich konkret verhalten wollen. Es geht keineswegs darum, blind seinem mitfühlenden Ich zu folgen, sondern vielmehr darum, bewußt mit ihm umzugehen. Der bewußte Umgang mit ihrem mitfühlenden Ich würde Eva Liebenswert im Zusammenleben mit ihrer Tochter Anna sehr helfen. Für sie könnten die folgenden drei Übungen den Beginn einer großen Entwicklung bedeuten – und für Herrn Mühsam ebenso.

Auf die Stimme unseres mitfühlenden Ichs hören

Übung zur Sensibilisierung unseres mitfühlenden Ichs

Dauer der Übung: Sie kann immer wieder jeden Abend vor dem Einschlafen durchgeführt werden und wird selten länger als fünf bis zehn Minuten Zeit in Anspruch nehmen.

Schwierigkeitsgrad: Die eigentliche Übung ist sehr einfach durchzuführen. Die größte Schwierigkeit besteht darin, die Disziplin aufzubringen, diese Übung wirklich bis zu Ende durchzuführen und nicht währenddessen einzuschlafen.

Das Ziel dieser Übung besteht darin, sich für die Stimme unseres mitfühlenden Ichs zu sensibilisieren, da wir diese leicht in der Hektik des Tages überhören. Nach getaner Arbeit, am besten abends vor dem Einschlafen, gehen Sie den vergangenen Tag noch einmal in Gedanken durch. Sie können das schriftlich machen, indem Sie ein Tagebuch führen. Die andere Möglichkeit besteht darin, daß Sie sich hinlegen und sich die Ereignisse des vergangenen Tages mit geschlossenen Augen noch einmal vergegenwärtigen. Das Niederschreiben besitzt den Vorteil, daß wir schriftlich fixierte Einsichten besser behalten, als wenn wir sie uns nur vorstellen. Auf der anderen Seite ist eine entsprechende Visualisierung schneller und mit weniger Aufwand durchführbar – speziell für diejenigen, denen Visualisierungen leicht fallen. Allerdings besteht die Gefahr bei abendlichen Visualisierungen darin, daß man während der Visualisierung einschläft.

Wie immer Sie vorgehen – richten Sie Ihre Aufmerksamkeit auf die Situationen, in denen Sie auf Ihr mitfühlendes Ich gehört und entsprechend gehandelt haben und wo Sie die Möglichkeit versäumt haben, auf dieses Ich zu hören. Machen Sie sich dies bewußt, ohne es zu bewerten.

Die Pfadfinder gehen davon aus, daß man jeden Tag eine gute Tat tun sollte. Schauen Sie also, was Ihre gute Tat gewesen ist, beziehungsweise wo Sie die Chance zu einer guten Tat versäumt haben. Sie werden bemerken, daß die guten Taten für andere auch Ihnen selbst zugute kommen. Wenn Sie Ihr mitfühlendes Ich befriedigen, werden Sie beispielsweise nach der Devise «Ein gutes Gewissen ist das beste Ruhekissen» besser schlafen und sich insgesamt wohler fühlen.

Wenn Sie diese Übung regelmäßig durchführen, erhöhen Sie damit Ihre Achtsamkeit im Alltagsleben und stärken Ihre soziale Intelligenz. Ferner werden Ihre Träume zunehmend die Forderungen des vergangenen Tages reflektieren und Ihnen wichtige Hinweise geben, in welchen Situationen Sie einfach nur mechanisch und unbewußt reagieren. Wir vernachlässigen nämlich unser mitfühlendes Ich häufig nicht aus bewußter Hartherzigkeit, sondern eher aus Unbewußtheit oder auch aus Bequemlichkeit.

Diese Übung vermittelt Ihnen also Einsichten über Ihren Umgang mit Ihrem mitfühlenden Ich. Falls Sie diese Einsichten ausbauen möchten, empfehle ich Ihnen, sich Affirmationen zu überlegen, die einen positiven Umgang mit Ihrem mitfühlenden Ich verstärken. Sie können sich zum Beispiel mehrmals täglich im stillen oder auch laut sagen: «Ich nehme die Bedürfnisse anderer Menschen deutlich wahr» oder «Mir tut es gut, anderen zu helfen».

Wenn Sie mit diesen Übungen beginnen, könnten Sie vielleicht mit der einfachen Affirmation «Ich höre auf mein mitfühlendes Ich» arbeiten.

Ich bin mir sicher, daß Ihnen die für Sie geeigneten Affirmationen einfallen werden.

Kontemplation über das Mitgefühl für sich selbst

Übung zur Sensibilisierung für den Umgang mit uns selbst

Dauer der Übung: etwa eine Viertelstunde

Schwierigkeitsgrad: Für Menschen, die regelmäßig meditieren, ist diese Übung leicht durchzuführen. Personen, die noch wenige Erfahrungen mit Meditation gesammelt haben, können zu Beginn dieser Übungspraxis Schwierigkeiten haben, ihre Konzentration, möglichst ohne abzuschweifen, auf ein Problem gerichtet zu halten.

Wenn wir die Stimme unseres mitfühlenden Ichs überhören, betrifft das nicht nur das Mitgefühl für andere Menschen, sondern auch das Mitgefühl für uns selbst. Viele Menschen gehen ausgesprochen unsensibel und grob mit sich selbst um und fordern von sich Unmögliches. Ein solches Verhalten hilft uns natürlich ganz und gar nicht. Es ist dennoch sehr verbreitet und wird auch von unserer Arbeitswelt unterstützt.

Haben Sie sich schon einmal in letzter Zeit gefragt, was Ihre wahren Bedürfnisse sind und wie Sie diese befriedigen?

Sich mitfühlend sich selbst gegenüber zu verhalten, setzt voraus, daß Sie sich Ihrer wahren und tiefen Bedürfnisse bewußt sind.

Der erste Schritt zu dieser Übung – sozusagen die Vorübung – besteht darin, daß Sie sich zunächst Ihrer eigenen Bedürfnisse bewußt werden. Fühlen Sie in sich hinein und denken Sie darüber nach, welche elementaren Bedürfnisse Sie haben.

Sind Sie sich Ihrer Bedürfnisse klar geworden, können Sie zur eigentlichen Übung übergehen. Es handelt sich hierbei um eine kontemplative Übung, das heißt Sie richten Ihre Aufmerksamkeit auf eine ganz bestimmte Frage – möglichst ohne abzuschweifen. Wenn Sie dennoch abschweifen, was besonders zu Beginn Ihrer Übungspraxis natürlich ist, dann kommen Sie, sobald Sie es bemerken, wieder zu Ihrer Frage zurück.

Die Kontemplation können Sie in jeder Körperhaltung durchführen. Ich bin nicht der Ansicht, daß eine bestimmte Körperhaltung Ihre Einsichten fördert. Allerdings würde ich mit Bert Brecht sagen: «Wer unbequem sitzt, der denkt schlecht.» Ob nun Ihre Kontemplation eher ein zielgerichtetes Denken oder eher ein Einfühlen in die Frage nach dem Mitgefühl ist, überlassen ich Ihnen. Beides bringt Einsichten, und um diese Einsichten geht es hier.

Sie nehmen sich also eine Viertelstunde Zeit, um darüber nachzusinnen, wie mitfühlend Sie mit sich selbst umgehen. Schauen Sie sich alles an, was an Ideen, Gedanken und Bildern hochsteigen wird, und bewerten Sie es nicht. Nach der Kontemplation können Sie sich noch Notizen machen und somit festhalten, was Ihnen bewußt wurde.

Als ich die ersten Male diese Übung durchführte, war ich darüber erstaunt, wie hart, wie ruppig und wie unfreundlich ich häufig mit mir umgehe. Daraufhin machte meine Lehrerin mich darauf aufmerksam, daß mein mitfühlendes Ich wohl nur etwas Ausgedachtes, etwas Theoretisches sei. Solch ein mitfühlendes Ich hilft einem wenig. Mir wurde durch diese Übung zunehmend klarer, daß dieses Ich tatsächlich im Herzen wohnt. Wenn ich nicht selbst ein herzliches Gefühl für mich entwickele, kann ich nicht mit Liebe und Mitgefühl auf andere Menschen zugehen.

Im Grunde stellt diese Übung eine Vorübung zu der zuvor beschriebenen Übung dar. Da sie aber für die meisten Menschen schwieriger durchzuführen ist, habe ich sie als zweite Übung vorgestellt. Es ist ideal, wenn man diese und die erste Übung abwechselnd durchführt. Damit stärken und nähren wir unser mitfühlendes Ich enorm.

> **Die Auflösung des Leidens in Ihrer Umgebung**
>
> *Meditation zur Auflösung von Leiden und Bosheit*
>
> Dauer der Übung: etwa eine Viertelstunde
>
> Schwierigkeitsgrad: eine relativ schwierige Übung, die uns mit unseren Ängsten konfrontiert. Diese Übung sollte nur von psychisch stabilen Menschen durchgeführt werden.

Die im folgenden beschriebene Übung knüpft an die sogenannte *Tonglen*-Meditation an, die im tibetischen Buddhismus zur Auflösung allen Leidens angewandt wird. Ich habe diese Übung leicht verändert, um sie für den modernen westlichen Menschen fruchtbar zu machen.

Diese Übung kann man auf zwei Ebenen durchführen. Die erste und einfachere Ebene besteht darin, daß Sie sich an eine leidende Person in Ihrer Umgebung erinnern und ihr Leiden in sich aufnehmen. Auf der zweiten und höheren Ebene üben Sie zu verzeihen. Sie denken an eine Person, die sich Ihnen gegenüber boshaft verhalten hat. Nehmen Sie dieses Verhalten als ein Leiden wahr. Stellen Sie sich vor, wie diese Person unter ihrer eigenen Bosheit leidet, und verzeihen Sie ihr.

Zu dieser Meditationsübung nehmen Sie entweder eine der klassischen Meditationshaltungen ein, oder setzen Sie sich auf einen Stuhl, wobei Sie Ihren Rücken so gerade wie möglich halten. Sie schließen Ihre Augen und visualisieren nun eine leidende Person aus Ihrer Umgebung. Ob es sich hierbei um ein psychisches oder physisches Leiden handelt, spielt keine Rolle. Stellen Sie sich diese Person möglichst deutlich vor. Nehmen Sie Kontakt zu deren Leiden auf, und visualisieren Sie, wie Sie dieses Leiden auf sich nehmen und die leidende Person völlig gesund und munter vor Ihnen steht. Danach lösen Sie alle Bilder in einem klaren Licht auf (das klassische Ende tibetischer Meditationen).

Auf der zweiten Ebene stellen Sie sich eine Person vor, der Sie irgendeine Bosheit nachtragen. Machen Sie sich klar, daß diese Person aus Verblendung so gehandelt hat. Diese Verblendung betrachten Sie als ein Leiden. Voller Mitgefühl vergeben Sie dieser Person und umarmen sie. Auch diese Meditation beenden Sie, indem Sie alle Bilder in einem klaren Licht – wie Sonnenlicht – auflösen.

Bei der ersten Variante dieser Meditation werden Sie wahrscheinlich befürchten, selbst dieses Leiden auf sich zu ziehen. Es gehört schon Mut dazu, sich zum Beispiel eine krebskranke Person vorzustellen, und dann zu visualisieren, wie man selbst an Krebs leidet. Sie würden jetzt wahrscheinlich gerne von mir die Versicherung hören, daß dies nicht eintritt – wenn Sie das jedoch genau wüßten, wirkt diese Meditationsübung nicht mehr.

Bei der zweiten Variante wird Ihnen zunächst Ihr Groll im Weg stehen. Kämpfen Sie mit diesem Groll! Viele Menschen glauben, ihr mitfühlendes Ich dürfe nur sanft sein. Das ist falsch: Jedes der sieben Ichs besitzt auch eine kämpferische Seite. Um den Kontakt zu seinem Mitgefühl muß man manchmal mächtige innerliche Kämpfe austragen. Das können Sie bei dieser Meditation deutlich erleben. Aber Sie werden auch die Früchte dieses Kampfes ernten: Mit einem aufgelösten Groll lebt es sich viel besser.

Das kommunikative Ich

Kommunikation ist ein dauernder Drahtseilakt, bei dem wir mit den widersprüchlichsten Bedürfnissen nach Intimität und Unabhängigkeit jonglieren müssen.

Deborah Tannen

Das kommunikative Ich stellt sich vor

«*Ich bin deine quirlige Lust am Reden, aber auch die am Zuhören. Meine Welt ist der Kontakt mit anderen und nicht zuletzt auch mit dir selbst. Ich bin der Journalist in dir, der Informationen sammelt und sie aufbereitet, um sie später weiterzugeben. Aber ich spiele nicht nur mit Sprache, sondern auch mit Gesten. Die unterschiedlichsten Ausdrucksformen sind meine Spezialität. Bisweilen schlüpfe ich in die Rolle des Performance-Künstlers, dann bin ich wieder Kommentator, um später schweigend zuzuhören.*»

«*Bist du es also, der immer in mir spricht, alles kommentiert und mich oft genug nicht zur Ruhe kommen läßt?*»

«*Du tust mir bitter Unrecht und siehst mich boshaft einseitig: Ich plappere nicht nur so dahin, ich lausche auch. Mich interessiert, was andere zu berichten haben, und ich merke mir alles. Ich höre aber auch auf meine Kollegen und Kolleginnen, die als andere innere Stimmen in dir sprechen. Und wenn ich richtig in Hochform bin, dann gelingt es mir sogar, die Stille lässig zu ertragen.*

Immer, wenn du dich ausdrückst, bin ich es, der deinen Auftritt in Szene setzt. Ich versuche, dir ein großartiges Image zu verschaffen, denn du möchtest glänzend dastehen und freust dich wie ein Kind, wenn andere dich bewundern. Sicherlich ist das alles ein wenig beschönigt – aber wer ist heute schon in seiner Kommunikation ehrlich? Wir leben in einem Zeitalter der Werbung und machen uns doch alle gegenseitig etwas vor. Man sollte eine gute Geschichte doch nicht mit der Wahrheit verderben.»

«*Irgendwie ist das doch ekelhaft unehrlich! Eine völlig falsche Welt.*»

«*Jetzt wirst du auch noch moralisch, das finde ich viel ekelhafter! Von dir selbst eingenommen bist du auch noch. Glaubst du* denn etwa, daß du schon so befreit bist, daß du ehrlich kommunizieren kannst? Da braucht doch nur das andere Geschlecht in deiner Nähe aufzutauchen, und im Nu verdrehst du deine Augen. Und nicht nur anderen machst du etwas vor, sondern auch dir selbst. Andere zu belügen, kann ich ja noch verstehen, aber sich selbst zu belügen, das bringt doch niemandem einen Vorteil – oder?

Ich helfe dir auch, dich selbst zu erkennen, auf deine eigene Kommunikation zu achten und ein realistisches Bild von dir selbst zu bekommen. Im Traum bemühe ich mich, offen und ehrlich zu dir zu sprechen. Da brauche ich oftmals meine gesamte Kreativität, um mich dir mitzuteilen. Zu deinem Nachteil aber tust du diese Welten der Nacht als chaotische Bilder ab, die du schleunigst vergißt. Ich könnte ganz beleidigt sein, schmollen und dir vorwerfen, daß du mich nur ausnutzt, um glänzend dazustehen. Die Wahrheit über dich möchtest du gar nicht hören. Du bist so verblendet, daß sie dich häufig gar nicht interessiert. Ich kann das schon verstehen: Sie ist ja unbequem und fürchterlich verwirrend. Aber solange du die eigene Wahrheit nicht ertragen kannst, wirst du nicht ehrlich kommunizieren können.»

«Hilf mir doch bitte, daß ich auf Gottes Stimme in mir höre.»

«Die kommt zwar eigentlich erst zwei Kapitel später dran, aber um deiner Demut willen sei dir geholfen.»

Und es sprach eine Stimme: «Sei still und lies jetzt weiter!»

Die Vernachlässigung

Wir kommunizieren aus Notwehr.

Graffito

Unser kommunikatives Ich wohnt am Hals, wo unsere Sprechwerkzeuge sitzen. Es bildet den Übergang zum Kopf, dem geistigen Bereich in uns. Wie wir gerade schon hörten, spricht es eines unserer Zentralprobleme an, nämlich die *Wahrheit* unserer Kommunikation. Natürlich ist hier kein Gespinst wie die «objektive Wahrheit» gemeint, denn die Wahrheit ist immer subjektiv – aber dennoch ist und bleibt sie die Wahrheit. Vielleicht sollte ich hier besser von Echtheit sprechen, denn ein gestärktes kommunikatives Ich wirkt echt, ein geschwächtes ist dagegen unecht. Man stellt nach außen etwas dar, was man im Tiefsten seiner Seele nicht ist – und das geht meistens schief, denn andere Menschen bemerken diese Spannung.

Meine Lehrerin betonte immer, daß eine positive Förderung des kommunikativen Ichs in unserer Gesellschaft äußerst schwierig sei. Dieses Ich ist dasjenige, zu dem der heutige Mensch nur schwer in einen intensiven Kontakt treten kann. Das liegt daran, daß wir in einer Gesellschaft des Scheins statt des Seins leben und daß wir eine aufrichtige und ehrliche Kommunikation verlernt haben. Wir reden mechanisch dahin und stellen uns zwanghaft und unbewußt dar. Genau das macht die Aura des Angestrengten aus, die Menschen wie den gestreßten Herrn Mühsam umgibt. Die Anstrengung, immer «das Richtige» zu sagen, führt zu einer schweren Schädigung unseres kommunikativen Ichs. Ein vernachlässigtes kommunikatives Ich kann nicht schweigen, es produziert den inneren Monolog, der ständig in uns dahinplappert. Die Stärkung dieses Ichs wird durch schweigendes Hineinhorchen in sich selbst erlangt. Zuhören, Wirkenlassen und Verstehen sollten wieder gelernt werden, um unser kommunikatives Ich zu stärken. Diese Stärkung ist deswegen notwendig, da wir sonst zunehmend nur dahinreden, ohne etwas zu sagen, ohne uns auszudrücken. Da sitzt man und redet und redet, ohne auf den anderen zu hören, und dieser hört einem auch schon lange nicht mehr zu. Solche Szenen auf Parties, bei Familienfeiern und in Geschäftsbesprechungen zeugen stets von einem geschwächten kommunikativen Ich. Und da die kommunikativen Ichs aller Anwesenden gestört oder geschwächt sind, findet niemand einen Ausweg, und jeder langweilt sich zu Tode.

Obwohl wir unsere Zeit als ein Zeitalter der Kommunikation bestens beschreiben können, ist unser kommunikatives Ich kollektiv geschwächt. Solch ein geschwächtes Ich drückt sich mit Vorliebe dadurch aus, daß es ständig kommuniziert – im Sinne der Psychoanalyse würde man sagen, daß es seine Schwäche überkompensiert. Ein starkes kommunikatives Ich kann schweigen, wohingegen ein vernachlässigtes kommunikatives Ich sich nur zwanghaft mitteilen kann.

Psychische Probleme

Ein gestörtes kommunikatives Ich drängt also zwanghaft zum Ausdruck. Es ist gar nicht mehr zu stoppen, und meistens wird es der betroffenen Person erst hinterher bewußt (wenn überhaupt), daß sie wieder ihre Schau abgezogen hat. Diese unechte Selbstdarstellung und Kommunikation liegt meist darin, daß man sich besser (manischer Anteil) oder seltener auch schlechter (depressiver Anteil) darstellt, als man ist. Das heißt, man versteckt sich ständig. Da gibt es die professionelle, coole Berufsmaske, die Familienrolle und viele Masken mehr. Man spielt alles und kommt sich dabei selbst abhanden. Deswegen stellt sich für viele Zeitgenossen in lichten Momenten die Frage, wer man in diesem ganzen Rollengewirr eigentlich ist. Aber nur ein gestärktes kommunikatives Ich kann uns zu unserem Ich-Kern führen. Solange man diesen nicht gefunden hat, hat man sich selbst noch nicht gefunden und kommuniziert aus Notwehr, um nicht vom inneren Schweigen überwältigt zu werden. Man flieht vor sich selbst und sucht nur zu leicht die Erlösung im anderen.

Unser kommunikatives Ich beeinflußt auch unser Gehorchen. «Gehorchen» ist ein Wort, bei dem viele Menschen empfindlich reagieren. Da melden sich altbekannte Autoritätskonflikte zu Wort, die wir seit unserer Kindheit mit uns herumschleppen. Den Eltern sollten wir gehorchen, später den Lehrern als Stellvertreter unserer Eltern und heute unseren Vorgesetzten, den Kunden und dem Staat.

Gehorchen heißt nichts anderes, als genau hinzuhören, was zu uns gesagt wird. Es ist dieses Hinhören, das uns heute so schwerfällt. Das analytische Sehen ist der ausgeprägteste Sinn der Moderne und nicht das synthetische Hören, obwohl das Ohr unser Gleichgewichtsorgan ist. Wir meinen immer, schon alles zu wissen, doch wenn wir uns weigern zu hören, verlieren wir unser inneres und äußeres Gleichgewicht. Wenn die Inder von unserem Energiezentrum an der Kehle (Kehl-Chakra) sprechen, so betonen sie stets, daß dieses Zentrum als Wohnort unseres kommunikativen Ichs sich im Hören sinnlich ausdrückt. Sie gehen sogar so weit, das Hören als die Grundlage jeglicher Kommunikation zu beschreiben. In der arabischen Welt des Mittelalters, zur Zeit der Geschichten von *Tausendundeiner Nacht*, war die Wendung «ich höre und gehorche» vor Allah, dem Kalifen und jeder Autorität üblich. Hören und Gehorchen gehören unmittelbar zusammen, da das Gehorchen die Umsetzung des Gehörten darstellt. Deswegen fragt man Kinder, die ungehorsam sind, ob sie schlecht hören können. In diesem psychologischen Sinne können wir alle heute schlecht hören, da unser geschädigtes kommunikatives Ich sich am liebsten selbst hört und die Beiträge der anderen als störend empfindet. So kann man ein geschwächtes kommunikatives Ich leicht daran erkennen, daß es im Gespräch den anderen immer ins Wort fällt.

Ich glaube, daß heute unsere größten Herausforderungen nicht mehr im Bereich des sexuellen Ichs liegen, wie Freud noch ohne jeglichen Zweifel bis zu seinem Tod annahm, sondern im kommunikativen Bereich. Ob wir uns auf einen anderen Menschen einlassen oder ob wir ihm gar gehorchen können und wie wir selbst Gehorsam fordern – das sind die zentralen Probleme unserer Zeit. Der Zeitgeist betont die Fragen unseres kommunikativen Ichs, die wir nur allzuleicht verdrängen. Die Unfähigkeit zu klaren Beziehungen ist die Folge dieser Verdrängung. Wir können immer noch nicht hören. Sollten unsere Eltern mit ihrem ganzen Erziehungsaufwand nichts erreicht haben?

Unser geschädigtes kommunikatives Ich ist geradezu grausam zu nennen: Es verschließt uns die Ohren mit unbarmherzigem Desinteresse nicht nur anderen, sondern auch uns selbst gegenüber. Wenn wir uns selbst gegenüber nicht gehorsam sein können, zeigt sich das in einer atemberaubenden Disziplinlosigkeit.

Wer sein kommunikatives Ich vernachlässigt, muß mit folgenden psychischen Problemen rechnen:

- zwanghafter Redefluß, da man Schweigen nicht erträgt;
- man versteckt sein wahres Wesen und traut sich nicht, es auszudrücken;
- Probleme, auf andere und sich selbst zu hören.

Körperliche Probleme

Ein schwaches kommunikatives Ich äußert sich natürlich in Kommunikationsstörungen. Typischerweise sind gerade die Kommunikationsstörungen beliebt, die uns dazu drängen, weniger zu reden. Verbreitet sind die Heiserkeit und der Husten. Das kommunikative Ich spricht durch unseren Körper, der uns zeigt, daß jetzt eine Zeit des Schweigens und Hinhörens anliegt. Ich kann es bei mir selbst deutlich erkennen, daß ich häufig dann der Kommunikation entzogen werde, wenn ich zuvor zuviel geredet und mich manisch selbst dargestellt habe. Wenn ein Termin dem anderen lückenlos und unbarmherzig folgt, ist es schwer zu schweigen. Also wird man jäh in seinem Eifer gestoppt und hustet den anderen etwas oder spricht ganz leise, so daß der andere wirklich einmal hinhören muß. In allen Sprachproblemen zeigt sich unser kommunikatives Ich und versucht häufig, sich durch seine Symptome selbst zu heilen.

Bei Bronchitis, Erkältung, Heiserkeit oder Husten werden wir immer erst einmal ruhig gestellt, um die Chance zu nutzen, über den Umgang mit unserem kommunikativen Ich nachzudenken.

Viele der Symptome unseres kommunikativen Ichs machen sich im Hals- und Mundbereich bemerkbar. Ein vernachlässigtes kommunikatives Ich weiß sich sehr wohl mit Entzündungen aggressiv zu wehren. So macht es auf seine Domäne Hals und Mund, Sprache und Atmen unnachgiebig aufmerksam.

Mit dem Sprechen ist auch das richtige Atmen verbunden. Das Atmen ist eine Form der ständigen Kommunikation mit unserer Umwelt: Wir erhalten von ihr die Luft und geben sie wieder ab – in einem unaufhaltsamen Rhythmus, solange wir leben. Wir tauschen uns also mit unserer Umwelt aus. Indische Weise des Yoga betonen, daß wir dadurch permanent Informationen von unserer Umwelt aufnehmen, um sie wieder abzugeben. Bei Atemproblemen ist diese Kommunikation gestört, und man täte gut daran, sich seiner Kommunikation zuzuwenden. Dabei hilft es immer, darauf zu achten, ob das Ein- oder das Ausatmen gestört ist. Wem das Einatmen Mühe bereitet, der möchte nichts von der Außenwelt wahrnehmen. Wem das Ausatmen schwerfällt, der hält ängstlich Informationen über sich zurück. So zumindest sehen es die Yogis, die im Hinhören und Gehorchen bestens geschult sind.

Wer sein kommunikatives Ich vernachlässigt, muß mit folgenden körperlichen Problemen rechnen:

- Anfälligkeit für Husten und Heiserkeit
- Erkrankungen des Hals- und Rachenbereichs
- Atemprobleme

Die Bejahung

Die größte Gefahr im Leben ist, daß man zu vorsichtig wird.

Alfred Adler

Die Kommunikation ist ein hilfreiches Spezialgebiet des Menschen. Es lohnt sich, sein kommunikatives Ich zu stärken, da das Leben dann lebendiger und meistens auch erfolgreicher wird. Durch den Austausch mit anderen Menschen verändert man sich ständig und bleibt so im Lebensfluß. Das setzt allerdings eine echte Kommunikation voraus und nicht die so viel geübte, vorsichtige Pseudo-Kommunikation, bei der die Kommunikation als Selbstzweck betrieben wird. Man spricht über alles mögliche, was niemanden wirklich interessiert, um nur ja nicht zum Eigentlichen kommen zu müssen. Typische Beispiele hierfür sind die bei Männern so eifrig betriebenen Fußballdiskussionen und Gespräche über Autos. Bei Frauen sind Mode und die Nachbarn sehr beliebt. Aber jeder hat auch Freunde, mit denen er wirklich kommuniziert. In diesen Gesprächen über Dinge, die die Seele wirklich bewegen, kann sich unser kommunikatives Ich bestens entfalten. Sie sind sein Stärkungsmittel. Wenn uns die beste Freundin ihr Herz ausschüttet, dann fällt es uns gar nicht mehr schwer, betroffen zuzuhören. In solchen Situationen wirken unser kommunikatives und unser mitfühlendes Ich harmonisch zusammen.

Unser kommunikatives Ich zu bejahen und zu pflegen, bedeutet, daß wir unser Denken und Fühlen ehrlich statt vorsichtig ausdrücken. Als gesellschaftliches Wesen drängt es den Menschen zu diesem echten Ausdruck, der Nähe und Vertrauen schafft. Wenn Sie einmal darauf achten, werden Sie bemerken, daß Sie häufig gerade dann einen oftmals unerwarteten Erfolg hatten, wenn Sie offen und ehrlich kommunizierten. Das kommt meistens beim anderen gut an, da er doch ebenso wie Sie dieses Bedürfnis nach Offenheit und Nähe kennt.

Menschen mit einem vernachlässigten kommunikativen Ich befürchten bei der Offenheit sogleich das Schlimmste: Sie sprechen gern von Ausnutzung. Aber das Schlimmste tun sie sich selbst an, indem sie nicht offen kommunizieren – es ist keineswegs der andere, der einen schädigt, man ist es selbst (wie so häufig).

Ein gestärktes und bejahtes kommunikatives Ich braucht nichts zu verstecken, denn es gibt kein Geheimnis; es ist ganz einfach, wie es ist. Da es also keine Entlarvung zu befürchten braucht, zeigt es keine Angst vor dem anderen. Der andere, das ist die aufregende Entdeckung der anderen Welt, das ist Abenteuer und Spaß.

Wenn ich mit der unabdingbaren Hilfe meines kommunikativen Ichs meine sozialen Ängste überwunden habe, kann ich gehorchen. Ich vermag hinzuhören und zu erkennen, was von mir verlangt wird, und weiß das Sinnvolle vom Sinnlosen klar zu scheiden. Ich kann aber auch selber führen, andere positiv beeinflussen und fördern.

Ein starkes kommunikatives Ich ist der wichtigste Freund in unserer Gesellschaft, der vieles möglich machen kann. Wenn Sie Ihre Wünsche verwirklichen wollen, sollten Sie lieber Ihr kommunikatives Ich pflegen als Lotto spielen. Höflichkeit, die Magie der Sprache und der unwiderstehliche offene Ausdruck öffnen Ihnen Tor und Tür. Im Grunde weiß das jeder, aber nur wenige Menschen verhalten sich danach. Sie spielen lieber die «Betriebsnudel», also den nervigen Alleinunterhalter, dem völlig gegen seine Erwartungen nur selten die Sympathien zufliegen. Das Leben ist jedoch darum bemüht, einen Ausgleich zu schaffen, und so vereinsamt solch ein Mensch häufig im Alter. Jetzt, ohne die Störungen und Ablenkungen der Außenwelt, hat er die Chance zuzuhören. Und alles Zuhören fängt bei sich selbst an.

Wenn Sie ein gutes Verhältnis zu Ihrem kommunikativen Ich pflegen, unterhalten Sie sich gerne und bekommen in Ihren Gesprächen viele wichtige Hinweise. Die besten Gedanken kommen Ihnen beim Reden, und Sie sind ein gern gesehener Gast bei Festen und geselligen Zusammenkünften. Sie sind es auch, der gebeten wird, eine Rede zu halten – eine Aufgabe, die Ihnen wenig Kopfzerbrechen bereitet und in der Sie sich oft originell entfalten können. Wenn es sein muß, können Sie auch andere Personen zu etwas überreden, da man Ihrem Charme nur schwer widerstehen kann.

Ähneln Sie solch einer Person, brauchen Sie die folgenden drei Übungen nicht unbedingt durchzuführen, denn Sie sind in der Welt der Kommunikation zu Hause. Vielleicht sind Sie sogar Journalist, Therapeut, Schriftsteller oder Verkäufer, Priester, Sozialarbeiter oder Werbefachfrau – dann haben Sie Ihre Stärke zum Beruf gemacht und werden ihn wahrscheinlich lieben und in ihm aufgehen. Aber auch als Mönch oder Nonne könnte ich mir Sie gut vorstellen, besonders wenn Sie eher introvertiert sind.

Übungen

Mit unserem kommunikativen Ich gelangen wir in den geistigen Bereich, und aus diesem Grund werden die Übungen immer meditativer. Die Meditation ist als eine besondere – man könnte auch sagen: höhere – Form der Kommunikation anzusehen, bei der wir auf die Kommunikation unserer inneren Ichs lauschen. Der Meditierende kommuniziert hierbei nicht aktiv, sondern eher passiv, da er in die Kommunikation nicht eingreift. Er läßt sie einfach laufen.

Wir tendieren dazu, häufig zu viel zu sprechen und Unnötiges zu sagen. Wie es in unserem Kopf fast immer plappert, so plappern auch wir unbewußt dahin, nur um die Illusion einer Kommunikation zu nähren. Durch dieses innerliche und äußerliche Sprechen werden wir davon abgelenkt, unser Leben in Achtsamkeit zu leben. Wir sind damit beschäftigt zu überlegen, wie wir bei anderen Menschen am besten ankommen, und folgen träumerisch unseren inneren Bildern, statt wirklich in der Situation anwesend zu sein. Um das zu durchbrechen, hilft es sehr, wenn wir uns für eine Weile vornehmen, jede Pseudo-Kommunikation zu vermeiden. Wir werden, wenn diese Übung diszipliniert durchgeführt wird, erheblich weniger reden. Uns wird zugleich klar werden, daß wir in den meisten Situationen viel mehr reden, als wir denken. Psychologische Untersuchungen zeigten, daß man seine eigene Redezeit drastisch unterschätzt und die der anderen überschätzt. Man meint selber oft, nur halb so viel geredet zu haben, als es der Fall war. Um sich das zu verdeutlichen, sollte man bisweilen seinem Redeimpuls über ein bis zwei Stunden überhaupt nicht nachkommen und nur prüfen, wie oft man eigentlich reden wollte und wie oft sein geschwächtes kommunikatives Ich sich durchzusetzen und sich darzustellen versuchte.

Die folgenden drei Übungen zur Stärkung unseres kommunikativen Ichs fördern, wenn wir sie regelmäßig durchführen, unsere Zurückhaltung im Sprechen. Wir werden zwar weniger, aber (hoffentlich) dafür auch offener reden. Wahrscheinlich werden Sie sich auf Dauer prägnanter ausdrücken und klar sagen können, was Sie wollen. Dadurch sollte sich Ihr Leben vereinfachen und weniger von unseligen Verwicklungen geprägt sein.

Auf die inneren Stimmen hören

Übung, die ein genaues Hinhören auf die innere Kommunikation fördert

Dauer der Übung: Sie sollte immer wieder in ruhigen Momenten praktiziert werden und wird selten länger als wenige Minuten Zeit in Anspruch nehmen.

Schwierigkeitsgrad: Diese Übung ist sehr einfach durchzuführen.

Vielleicht haben Sie sich gewundert, daß ich von den inneren Stimmen – also im Plural – und nicht von der so viel zitierten inneren Stimme – der einzigen – schreibe. Wenn Sie diese Übung konzentriert durchführen, werden Sie jedoch wie einst schon Goethes Faust bemerken, daß mehrere Stimmen in Ihrem Inneren kommunizieren. Wenn wir nur mit halbem Ohr hinhören, hört es sich freilich nur wie eine Stimme an. Beim genauen Hinhören sind jedoch stets mindestens zwei Stimmen zu unterscheiden, die beide häufig Gegensätzliches wollen.

Zu dieser leichten Übung müssen Sie sich vornehmen, dreimal am Tag zu Zeitpunkten Ihrer Wahl für einige Minuten innezuhalten und bewußt auf das zu lauschen, was sich in Ihrem Inneren und in Ihrer Umgebung abspielt. Wenn Sie still werden, wird sich auf die Dauer in Ihnen eine Kommunikation Ihrer inneren Stimmen entfalten. Hören Sie nur zu, ohne einzugreifen. Lassen Sie der Kommunikation ihren Lauf. Versuchen Sie, die einzelnen Stimmen zu unterscheiden und den sieben Ichs zuzuordnen.

Nach einigen Minuten beenden Sie diese Übung, indem Sie Ihre Körperposition ändern und sich wieder dem Alltagsbewußtsein öffnen.

Ideal wäre es natürlich, wenn Sie diese Achtsamkeit, um die Sie sich in der Übung bemühten, auch im Alltagsleben aufrechterhalten können. «Aber das», so sagte mir vor Jahren eine weise Frau in Nepal, «unterscheidet die Befreiten von den Nicht-Befreiten. Auch jeder Nicht-Befreite kann momentan eine hohe Aufmerksamkeit erreichen. Er kann sie nur nicht halten.»

Aber immerhin proben wir schon mit dieser Übung die Befreiung. Wir spielen bewußt dreimal täglich für ein paar Minuten, als ob wir die Freiheit des Nicht-Eingreifens besitzen, und erfreuen uns daran. Wenn Ihr kommunikatives Ich gerade seinen intellektuellen Tag hat, dann lassen Sie es hinterher diese Erfahrung analysieren. Ist es eher emotional gestimmt, sollten Sie sich von der Erfahrung berühren lassen.

Zu Beginn der Übung suchen Sie sich am besten Situationen aus, in denen Ihnen das Lauschen leichtfällt. Beim Kochen und den meisten Küchenarbeiten, in öffentlichen Verkehrsmitteln und in der Disco ist diese Übung nicht allzuschwer durchzuführen. Schwerer fällt sie den meisten in Streitsituationen und wenn Sie selber aktiv mit der Außenwelt kommunizieren, wie zum Beispiel beim Reden und Flirten.

Führen Sie diese Übung in unterschiedlichsten Situationen durch und hören Sie genau hin, welche Ichs in welchen Situationen miteinander reden.

Diese Übung schärft Ihre Fähigkeit, in Gesprächen genauer hinzuhören.

Für diejenigen, die sich mit Buddhismus beschäftigt haben, sei hier kurz angemerkt, daß die klassische *Vipassana*-Meditation ähnlich vorgeht: Sie stärkt unser kommunikatives Ich, indem sie die Achtsamkeit fördert. Auch bei ihr sitzt man in meditativer Haltung und nimmt bewertungslos wahr, was in einem vorgeht.

Das genaue Zuhören

Übung, die ein genaues Hinhören auf die Kommunikation mit anderen fördert

Dauer der Übung: Sie sollte immer wieder in Gesprächssituationen durchgeführt werden und wird selten länger als einige Sekunden Zeit in Anspruch nehmen.

Schwierigkeitsgrad: Diese Übung ist sehr einfach durchzuführen. Man vergißt allerdings in der Gesprächssituation leicht, diese Übung anzuwenden.

Während die erste Übung zur Stärkung des kommunikativen Ichs unsere Achtsamkeit auf unsere inneren Stimmen lenkt, fördert diese Übung die Achtsamkeit gegenüber anderen Menschen. Beide Kommunikationsformen – das Lauschen auf die inneren und äußeren Stimmen – hängen eng zusammen: Wie man mit seinen inneren Stimmen kommuniziert, so kommuniziert man für gewöhnlich auch mit der Außenwelt. Wer vor lauter Streß keine Ruhe findet, auf seine inneren Stimmen zu hören, wird auch in der Kommunikation mit anderen Menschen nur mit halbem Ohr hinhören.

Achten Sie in alltäglichen Gesprächen regelmäßig darauf, ob Sie häufig, wenn andere reden, schon in Gedanken eine Antwort formulieren. Wenn Sie das – wie viele Menschen – besonders in Diskussions- und Streitsituationen tun, hören Sie nicht mehr auf den anderen und bekommen dadurch gar nicht mit, was wirklich kommuniziert wird. Es wird nämlich viel mehr als nur die Worte und Sätze vermittelt. Ein Großteil der Kommunikation findet auf nonverbaler Ebene statt, das heißt sie ist nicht an das Gesagte gebunden, sondern eher an Tonfall, Mimik, Körperhaltung und vieles mehr. Hier wird meistens das wirklich Wichtige mitgeteilt. Auf dieser non-verbalen Ebene nehmen Sie die feinen emotionalen Töne der Kommunikation wahr, die Ihnen beispielsweise signalisieren, ob einer lügt oder nicht. Wenn man sich nicht richtig auf die Kommunikation einläßt und so nicht richtig hinhört, geht gerade diese Information des Non-Verbalen verloren, und Sie bekommen das Wichtigste nicht mehr mit. Daß diese feinen Schwingungen der Information nicht wahrgenommen werden, liegt fast immer daran, daß wir, während der andere spricht, schon gedanklich bei unserer Antwort sind oder gar an alles mögliche andere denken, statt uns auf das Gespräch zu konzentrieren. Um diese Fehlhaltung zu vermeiden, sollten wir üben, uns bei Gesprächen zu beobachten. Diese Übung lehrt uns, die Essenz einer Kommunikation mitzubekommen.

Praktiziert wird die Übung des genauen Zuhörens im Alltagsleben in einer normalen Gesprächssituation. Sie nehmen sich vor, bei der nächsten Gesprächssituation mit Ihrem Partner, mit Vorgesetzten oder mit Kollegen genau darauf zu achten, was der oder die andere wirklich kommunizieren will. Fragen Sie sich für einen Moment inmitten des Gesprächs, ob Sie wirklich mitbekommen, was der andere meint. Lassen Sie ihn auf jeden Fall aussprechen. Erwidern Sie erst dann etwas, wenn Ihnen in allen Feinheiten völlig klar ist, was Ihnen der andere mitteilen möchte. Antworten Sie dann so offen wie möglich auf diese Mitteilung.

Man sollte sich, wenn man seine Persönlichkeit weiterentwickeln möchte, diesen Kommunikationsstil zu eigen machen. Das fördert nicht nur unsere Achtsamkeit in der Kommunikation, sondern bringt auch erhebliche Vorteile für das Alltagsleben mit sich. Man wird in jeder Hinsicht klarer kommunizieren: mit anderen und mich sich selbst. Dadurch wird man von der Außenwelt deutlicher verstanden und bekommt eher, was man möchte oder braucht. Von dieser Stärkung Ihres kommunikativen Ichs können Sie nur gewinnen. Ist das nicht Motivation genug, sich vorzunehmen, sie gleich in der nächsten Unterhaltung einmal auszuprobieren?

Diese Übung kann man sein Leben lang durchführen. Wenn man sie über längere Zeit wie beschrieben praktiziert, verliert sie jedoch leicht ihre Spannung. Sie können sie aber wie folgt abwandeln und damit immer wieder spannend und anregend gestalten. Nachdem Sie die oben vorgestellte Grundübung für einige Monate praktiziert haben, nehmen Sie sich nun für die nächste Zeit folgende Aufgaben je für einen Monat vor: Sie führen diese Übung immer dann durch, wenn Sie

- mit Autoritäten oder
- mit Untergebenen oder
- mit Abhängigen oder
- mit Kunden beziehungsweise Klienten sprechen,
- sich in einer Streitsituation befinden,
- Ihren Gesprächspartner unsympathisch finden,
- in Ihren Gesprächspartner verliebt sind oder ihn sehr sympathisch finden,
- sich mit Freunden unterhalten oder
- telefonieren.

Diese Aufstellung gibt Ihnen sicher genügend Anregung, welche anderen Übungsfelder hier noch möglich sind. Für Eltern wie Frau Liebenswert kann es beispielsweise sehr interessant sein, wenn sie die Kommunikation mit ihren Kindern auf diese Weise betrachten. Sie selbst wissen am besten, welche Kommunikationsfelder Ihnen die meisten Probleme bereiten. Wählen Sie sich diese als Übungsfelder, denn wir lernen am tiefgreifendsten durch Widerstand.

> **Die Macht des Ungesagten**
>
> *Eine Übung, die uns dafür sensibilisiert, was wir mehr oder weniger bewußt in unserer Kommunikation unterdrücken*
>
> Dauer der Übung: Sie sollte immer wieder in Gesprächssituationen durchgeführt werden und wird selten länger als einen Moment in Anspruch nehmen.
>
> Schwierigkeitsgrad: Diese Übung ist schwieriger als die beiden ersten Übungen zu praktizieren. Außerdem vergißt man in Gesprächssituationen leicht, diese Übung durchzuführen, oder man kommuniziert zu unbewußt, um das Ungesagte überhaupt wahrzunehmen.

Diese letzte Übung zur Stärkung unseres kommunikativen Ichs stellt zugleich die schwierigste Übung dar. Bei ihr wenden wir nämlich unsere Aufmerksamkeit gerade dem zu, was wir nicht sagen. Daß das Nichtgesagte sehr schicksalsbestimmend sein kann, sah als erster der große mittelalterliche Dichter Wolfram von Eschenbach (um 1170–1220) in seinem Versepos *Parzival*. Parzival, der Held der Erzählung, wird dadurch schuldig und mit Wahnsinn geschlagen, weil er aus konventionellen Gründen angesichts des Leidens nicht die Mitleidsfrage stellt. Mit dieser Thematik wurde zum erstenmal angesprochen, daß der Mensch auch für seine Unterlassungen verantwortlich ist. Daß es uns nicht so ergeht wie dem armen Parzival, davor möge uns diese Übung bewahren.

Wie die letzte Übung wird auch diese Übung während

einer Gesprächssituation praktiziert. Der Unterschied liegt jedoch darin, daß Sie diesmal Ihre Aufmerksamkeit nicht auf Ihre Gesprächsbeiträge konzentrieren, sondern – im Gegenteil – gerade darauf, was Sie nicht sagen. Dazu nehmen Sie sich vor Beginn des Gesprächs fest vor, während des folgenden Dialogs immer wieder genau darauf zu achten, was Sie eigentlich gerne mitteilen wollen, was Sie sich aber nicht zu sagen trauen.

Wenn Sie sich für diese Unterlassungen sensibilisieren, werden Sie schnell bemerken, wie oft Sie – wie Parzival – aus konventionellen Gründen gerade das nicht ausdrücken, was Sie ausdrücken möchten. Das zeigt sich besonders stark, wenn wir die emotionale Seite unserer Kommunikation genau betrachten oder wenn wir geschäftlich oder mit Autoritätspersonen kommunizieren. Aber selbst unseren Partnern gegenüber teilen wir für gewöhnlich nicht alles mit. Ich meine auch nicht, daß das nötig ist. Es ist natürlich gar nicht klug, immer alles auszusprechen. Aber wenn man etwas – aus welchen Gründen auch immer – nicht mitteilt, dann sollte man das bewußt tun und nicht unbewußter Befürchtungen wegen. Sie sollten Herr über Ihre Kommunikation sein und entscheiden können, ob Sie etwas ausdrücken oder nicht. Es sollte aber keineswegs so sein, daß Ihre Ängste und Befürchtungen Ihre Kommunikation steuern. Das schädigt Ihr kommunikatives Ich enorm.

Diese Übung wird Sie besonders in folgenden Kommunikationssituationen verblüffen und weiterbringen. Im Gespräch mit

- Ihrem Partner oder Geliebten;
- Personen, von denen Sie etwas wollen;
- Personen, die Sie nicht leiden können;

- Kindern;
- Autoritätspersonen und Vorgesetzten.

Wenn Sie versuchen, Ihr Kommunikationsverhalten ohne Bewertungen zu verstehen, wird Ihnen bewußt, wie Sie Ihr kommunikatives Ich einengen. Ob das nötig ist oder nicht, sollten Sie genau betrachten.

Das Ungesagte wird zwar nicht offen ausgesprochen, aber stets non-verbal kommuniziert. Ist Ihr Gegenüber aufmerksam im Sinne dieser Übung, wird es mitbekommen, was Sie eigentlich sagen wollten. Ist Ihr Gesprächspartner jedoch abgelenkt, wird er nicht bemerken, daß Sie nicht offen kommunizieren. Wichtig ist aber, daß *Sie* es bemerken, sonst kann sich eine Kommunikation, der die Offenheit fehlt, leicht verselbständigen. Das bedeutet, daß Sie es sich angewöhnen, nur noch auf die reduzierte Weise zu kommunizieren – und das wäre doch schade!

Das intuitive Ich

> So anerkennenswert es sein mag, sich dieses oder jenes ergrübelt zu haben: Was wiegt das gegen die Auszeichnung, die darin besteht, daß einer nicht dem verhärteten Schluß erliegt, daß er die Einströme kennt, die nicht sein Verdienst sind, nicht Leistung, sondern reines Geschenk.
>
> Erhart Kästner

Das intuitive Ich stellt sich vor

«Ich möchte mich vorstellen: Gestatten, dein intuitives Ich. Ich bin eine deiner wichtigsten Helferinnen in deinem Alltagsleben, obwohl du mein Wirken meistens nicht bemerkst. Plötzlich hast du einen tollen Einfall, da wirke ich. Ich bringe dich zu neuen Ideen und lasse dich spüren, ob du in Gefahr bist oder nicht. Früher hätte man mich wahrscheinlich als deinen Schutzengel bezeichnet. Unsichtbar und doch hoch effektiv versuche ich, dir besonders in Gefahr und Not zu helfen. Allerdings hörst du viel zu selten auf mich.»

«Du sprichst ja viel zu leise, und mein armer Kopf ist voller Gedanken, dazu kommen noch die Ablenkungen durch die Außenwelt – wie soll ich dich da hören? Du könntest ja auch gefälligst lauter sprechen!»

«Du mußt innehalten und dich auf mich konzentrieren. Wie du beim Radio den Sender einstellst, so solltest du dich auf mich einstellen. Halte in deiner Hektik inne, werde ruhig und höre auf mich. Diese Haltung solltest du schon im Umgang mit deinem kommunikativen Ich gelernt haben.»

«Du machst es mir nicht gerade leicht: Du bist rätselhaft, folgst nicht der Logik und verwirrst mich.»

«Ich kann nur die Sprache des Weiblichen reden. Deswegen teile ich mich in plötzlichen Gedanken, Einsichten und Ideen mit. Ich denke in Bildern, Assoziationen und Analogien – und nicht wie dein stumpfsinniger Computer digital und streng geordnet.

Ich weiß, du empfindest mich als chaotisch. Aber heißt es nicht schon im I Ging, daß das Chaos die Mutter aller Dinge ist?

Du verfällst doch wohl nicht der Illusion, daß dein Leben rational geordnet verläuft? Das Chaos ist in dir, es bietet dir *unzählige Möglichkeiten! Wärest du kein Kind des Chaos, könnte ich mich dir nur schlecht mitteilen. Ich weiß halt mehr, als du zu wissen meinst, und das kannst du schlecht ertragen. Warum eigentlich? Ich bin doch du. Aber du meinst stets, daß du und deine Umwelt sich durch Schulweisheit erklären ließen. Mit deiner Logik kommst du wirklich nicht weiter – außer bei deiner Steuererklärung. Lebenstüchtig wirst du durch mich!»*

Unser intuitives Ich gibt also vor, uns lebenstüchtig zu machen, da es sich nicht an die gewohnten, immer wieder gehörten Erklärungen hält. Das ist freilich eine kühne Behauptung. Da stellt sich doch gleich die Frage: Woher bekommt denn dieses Ich sein Wissen?

Das fragte sich schon zu Beginn dieses Jahrhunderts C. G. Jung, der durch ein Traumbild zu der Überzeugung kam, daß es eine Etage unter unserem persönlichen Unbewußten eine weitere Sphäre gibt, die er das kollektive Unbewußte nannte. In dieser Schicht unserer Psyche sind alle Erfahrungen abgespeichert, die die Menschheit bislang gemacht hat. Dieses kollektive Unbewußte ist ein großes Archiv, in dem sich alles Wissen der Menschheit befindet. Unser intuitives Ich scheint im Gegensatz zu unseren anderen Ichs einen Schlüssel zu diesem Archiv zu besitzen. Es kann so unsere Situation von einer höheren Warte aus betrachten und hat dadurch einen viel größeren Überblick, als es unserem Alltagsbewußtsein möglich ist. Wenn Ihnen also plötzlich und unerwartet eine Idee zur Lösung eines Problems kommt, dann ist ihr intuitives Ich in diesem Archiv fündig geworden.

Da wir aber durch unsere Erziehung darauf gedrillt wurden, nur logisch klingende oder anderweitig plausible Lösungen zu akzeptieren, tun wir uns schwer mit diesem intuitiven Ich, das uns meistens mit unberechenbaren Hinweisen überrascht. Aber diese Hinweise scheinen nur aus der Perspektive unserer Logik unberechenbar. Intuition bedroht unsere Logik, da diese sie nicht einordnen und verstehen kann; also diskriminiert sie unser intuitives Ich als chaotisch und unberechenbar. Wenn Sie plötzlich bei einer Person spüren, daß Sie ihr nicht trauen können, dann spricht mit diesem Gefühl unser intuitives Ich zu uns. Es schert sich nicht darum, warum das so ist, es weiß einfach, daß es so ist. In der erklärungsbesessenen Welt unseres Alltagsbewußtseins ist jedoch das Unerklärliche nicht zu akzeptieren.

Unser intuitives Ich stellt eine höhere Stufe unseres Gefühls dar. Es verkörpert die erkennenden und hilfreichen Kräfte unserer Gefühle und kann deswegen erstaunlich schnell und sicher reagieren, um eine Situation im Nu zu beurteilen. Nur mit der Hilfe unseres intuitiven Ichs sind wir in der Lage, Situationen klar und im Moment wahrzunehmen und einzuschätzen.

Die Vernachlässigung

Glück und Erfolg sind auf der Seite der Narren.

Star Trek

Wenn wir unsere allwissende Seite ausschließen, also nicht auf unser intuitives Ich hören wollen, verzichten wir auf wichtige Erkenntnismöglichkeiten. Im Buddhismus wird diese Ignoranz als Nicht-Wissen bezeichnet und als gefährliches Geistesgift angesehen, das uns an der Befreiung hindert.

Ohne auf unser intuitives Ich zu hören, wird unser Leben härter und schwieriger als nötig werden. Da die Stimme der Intuition leise spricht, überhören wir sie jedoch oftmals. Wir sind es nicht gewohnt und wurden nicht dahingehend erzogen, diese feine Stimme wahr- und ernstzunehmen. Frau Liebenswert und Herr Mühsam zum Beispiel führen ein viel zu gehetztes Leben, um den hilfreichen Einflüsterungen dieses Ichs nachgehen zu können. Bei ihnen bleibt von diesem Flüstern nur ein vages Gefühl zurück, daß es wohl doch noch ein besseres Leben für sie gäbe. Wenn sie weiterhin ihr intuitives Ich vernachlässigen, werden sie sich auch für den Rest ihres Lebens unzufrieden und mit herabgezogenen Mundwinkeln in ihrem Alltag abmühen.

Wir überhören unser intuitives Ich aber nicht nur, weil es durch die Umwelt übertönt wird, sondern auch, weil wir unserer Intuition nicht trauen. Ihre Informationen sind weder faßbar noch nachvollziehbar für uns, und deswegen halten wir sie für unwesentlich. Wir entwerten sie häufig als

Spinnerei oder gar als Hysterie. Dadurch beschränken wir uns nicht nur in unseren Möglichkeiten und beschneiden uns erheblich, sondern auch unser Weltbild bekommt etwas Starres, da es nur auf den angeblich unverrückbaren Gesetzen der Vernunft beruht. Über den Kollegen von Herrn Mühsam, den Aussteiger, lacht man – freilich nicht ohne Neid: So alt und noch so unvernünftig! Unser intuitives Ich liebt es, sich als unvernünftige Seite in uns zu zeigen. Es verkörpert unsere Narrenseite. Die Weisheit der Narren gilt von jeher als lebendig, lebenslustig und erstaunlich clever. Jede Kultur personifiziert unser intuitives Ich in Narrengestalten wie Till Eulenspiegel oder den Schildbürgern, dem heiligen Narren Mullah Nasruddin, den Bauls, den hinduistischen Exzentrikern, oder dem höchst unkonventionellen tibetischen Lama Drugpa Künleg, um uns zu zeigen, daß, wenn der Narr ignoriert wird, das Leben an Lust und Lebendigkeit um einiges ärmer wird.

Außerdem sollten wir bedenken, daß wir uns im Alltagsleben häufig entscheiden müssen, ohne alle Informationen für eine rationale Entscheidung vorliegen zu haben. Es bleibt uns also gar nichts anderes übrig, als in solchen Situationen auf unser intuitives Ich zu hören. Vernachlässigen wir diese Informationsquelle und Entscheidungshilfe, kommt es häufig zu Fehlentscheidungen, die wir später bitter bereuen müssen.

Psychische Probleme

Wer sein intuitives Ich vernachlässigt und entwertet, wird auf Dauer zunehmend rigider und unbeweglicher werden. Diese Starrheit wiederum läßt uns noch mehr dieses närrische Ich ablehnen, und so landen wir in einem Teufelskreis, der damit endet, daß wir jeglichen Zugang zu diesem Ich verlieren. Damit verbauen wir uns auch zunehmend unseren Zugang zu unseren Gefühlen. Das intuitive Ich ist nämlich das kluge Kind unserer Gefühlswelt.

Wenn wir meinen, auf dieses Ich verzichten zu können, wird unsere Lebensbewältigung schwieriger und überdurchschnittlich häufig von Fehlentscheidungen geprägt. Wir haben dann doch die falsche Wohnung gemietet, das unpassende Auto gekauft und sind mit unserer Urlaubsreise völlig hereingefallen. Das führt letztendlich immer dazu, daß wir uns «beschissen» fühlen. Solch eine Einstellung ist aber nun gar nicht dazu geeignet, Freunde zu gewinnen, zumal sie oftmals in lamentierendes Selbstmitleid ausartet. Mit dieser Einstellung wird man häufig als schwieriger Mensch von anderen gemieden und endet in der Einsamkeit, die einen nur noch in dieser Fehlhaltung bestätigt.

Psychische Probleme basieren häufig auf Sinnlosigkeitsgefühlen oder spirituellen Problemen. Der tiefere Sinn des Lebens, der nur intuitiv zu erfassen ist, wird nicht erkannt, und damit fehlt jedes Sicherheits- und Geborgenheitsgefühl. Das führt dazu, daß man kein Vertrauen mehr in sich und andere besitzt. Wenn jedoch dieses Urvertrauen fehlt, wird das Leben wirklich zur Plage, und man schafft sich Streß, wo er nicht nötig ist. Man verliert wie Herr Mühsam jede Lässigkeit und Leichtigkeit und wird so zum angestrengten Menschen, der trotz redlicher Bemühungen immer schwerer sein Leben meistert. Deswegen verfällt Herr Mühsam leicht in depressive Verstimmungen, die sich schnell zu einer echten Depression entwickeln können. Ist man dagegen aggressiver veranlagt, wird man leicht zum

Nihilisten, der an nichts mehr glaubt und ohne Rücksicht auf andere Menschen seine Ziele durchzusetzen versucht. Das kann eine Person sein, von der man sagt, daß sie über Leichen geht. Das kann auch der Psychopath sein, der in bitterer Einsamkeit endet und seine Umwelt für sein Schicksal verantwortlich macht.

Wie dem auch sei, eine Vernachlässigung unseres intuitiven Ichs führt letztendlich stets in die Einsamkeit und Verbitterung, und das ist sicherlich kein Zustand, in dem Sie enden möchten. Schon um das zu verhindern, lohnt es sich, auf sein intuitives Ich zu hören. Sie müssen dazu lernen, sich auf diese weise, feine Stimme in sich einzulassen. Wie zu einer Person sollten Sie zu diesem Ich eine Beziehung aufbauen, um lebendig und kreativ zu leben. Sehen Sie Ihr intuitives Ich als den hilfreichen kleinen Mann im Ohr an!

Ihr intuitives Ich ist zusammen mit Ihrem sexuellen Ich auch für Ihre Kreativität zuständig und für jede spielerische Handlung. «Der Mensch ist Mensch nur, wenn er spielt», schrieb Friedrich Schiller vor fast zweihundert Jahren in seinen *Ästhetischen Briefen* und hob damit hervor, daß gerade das Spielerische das Menschliche ausmacht. Was der große deutsche Dichter damals erfaßt hat, gilt noch heute: Ohne eine spielerische Leichtigkeit werden wir unmenschlich und verlieren unsere gottgleiche Schöpferkraft. Denn wahre kreative Schöpfung ist stets vom Spielerischen geprägt. Für die spielerische Haltung ist wiederum das intuitive Ich zuständig, das jenseits der Rationalität das Spiel zum Schöpfungsakt werden läßt. Ohne eine Verbindung zu unserem intuitiven Ich mangelt es uns an Schöpferkraft, die unbedingt notwendig ist, um sein Leben, seine Arbeit und seine Beziehungen zu gestalten. So entwickelte beispielsweise Eva Liebenswert keine kreative Lösung, wie sie zufriedenstellend ihr Leben als alleinerziehende Mutter regeln kann. Daß sie sich nicht die Zeit genommen hat, auf ihr intuitives Ich zu hören, verschlingt jetzt Unmengen von Zeit.

Ohne Schöpferkraft wird der Mensch zum Opfer statt zum Täter. Für Masochisten mag das befriedigend sein, aber da Sie wahrscheinlich kein Masochist sind, wird Ihnen die Opferhaltung wenig zusagen.

Die Opferhaltung kommt auch häufig dadurch zustande, daß wir verwirrt sind. Natürlich müssen wir verwirrt sein, wenn wir nicht auf unser intuitives Ich hören, das uns auch (oder sogar gerade) in noch so schwierigen Situationen einen Durchblick verschafft.

Wer sein intuitives Ich vernachlässigt, muß mit folgenden psychischen Problemen rechnen:

- Er wird zunehmend unter einer psychischen und geistigen Rigidität leiden und immer mehr erstarren;
- er wird sich in die Verbitterung zurückziehen und die Welt als Jammertal und «kosmisches Straflager» ansehen;
- Einsamkeit und gesellschaftliche Isolation werden ihn erwarten;
- er wird keine innere Sicherheit und Geborgenheit erleben, und sein Urvertrauen wird so stark geschädigt sein, daß er letztendlich niemandem mehr vertraut;
- depressive Verstimmungen bis hin zur Depression werden ihn immer wieder plagen, ohne daß er sich dagegen wehren kann oder will.

Körperliche Probleme

Da bekanntlich im Menschen Körper und Psyche eng miteinander verbunden sind, zeigen die im vorausgehenden Abschnitt genannten psychischen Probleme auch immer körperliche Auswirkungen. Schon im Zitat, mit dem dieses Kapitel beginnt, wird von der Verhärtung gesprochen, die dann auftritt, wenn wir die Einsichten unseres intuitiven Ichs ablehnen. Diese Verhärtungen und Erstarrungen treten nicht nur in der Psyche, sondern auch in unserem Körper auf. Jegliche Erstarrung in unserem Körper kann letztlich auf eine Vernachlässigung unseres intuitiven Ichs zurückgeführt werden.

Es scheint sehr verbreitet zu sein, daß sich bei alternden Menschen eine solche Erstarrung einstellt. Denken Sie nur an all die Bewegungsprobleme, die ältere Menschen plagen. Oft drückt sich darin ein geschwächtes intuitives Ich aus, das vom einstig engelhaften Wesen zum Glöckner von Notre Dame wurde. Wenn der Geist durch die Vernachlässigung der Intuition starr wird, wächst die Wahrscheinlichkeit, daß der Körper ebenfalls zunehmend träger wird.

Allerdings darf man sich jetzt nicht zu dem platten Fehlschluß verleiten lassen, daß die verminderte Beweglichkeit allein wieder durch das Hören auf die Intuition zu beheben sei. Man muß neben der Ursache, der meistens langjährigen Vernachlässigung des intuitiven Ichs, auch das Symptom behandeln, die körperliche Erstarrung. Allerdings wird eine Behandlung der körperlichen Erstarrung dadurch stark unterstützt, daß wir wieder auf unser bewegliches intuitives Ich hören. Da dieses Ich das schnellste und regsamste aller unserer Ichs ist, kann es zwar Beweglichkeit in jeglicher Hinsicht fördern, aber nicht das Ergebnis jahre-

oder meist jahrzehntelanger Erstarrung im Nu wieder rückgängig machen.

Wenn wir nicht auf unser intuitives Ich hören wollen, verfallen wir leicht ins Grübeln. Wir zerbrechen uns den Kopf, wie dieses oder jenes gelöst werden kann, und dadurch wird unser Kopf überstrapaziert, worauf er ärgerlich mit Kopfschmerzen reagiert. Ein Großteil der Kopfschmerzen entsteht durch die Verspannung des Nackenbereichs, wo sich auch unsere Ängste und Befürchtungen bemerkbar machen. Sowohl Anspannung als auch Angst machen sich als Erstarrung bemerkbar: Die Muskeln werden hart, und der freie Bewegungsfluß geht verloren. Wenn wir uns in dieser Situation wieder bewußt entspannen, wird auch der Kopfschmerz sich auflösen, und wir werden wieder einen Zugang zu unserer Intuition bekommen. Man kann grundsätzlich sagen, daß Anspannung uns von unserem intuitiven Ich entfernt, während Entspannung uns unserem intuitiven Ich wieder näherbringt.

Außer mit Kopfschmerzen macht unser intuitives Ich mit Augenproblemen und Sehstörungen auf sich aufmerksam. Gemäß dem Analogiedenken ist dies leicht nachzuvollziehen, denn unsere Intuition verschafft uns eine klare Sicht. Die Mißachtung unseres intuitiven Ichs schafft Unklarheit, die sich unter anderem in Fehlsichtigkeit zeigt. Bei der Weitsichtigkeit will man das Naheliegende nicht wahrnehmen, und bei der Kurzsichtigkeit möchte man nicht in die Ferne schauen und Visionen entwickeln. Man kann weiter entfernte Ziele nicht mehr deutlich erkennen und lebt so unbestimmt und verwirrt. Es ist unser intuitives Ich, das uns größere oder weitere Zusammenhänge erkennen läßt. Ohne seine Hilfe können wir schwerlich in die Ferne beziehungsweise in die Zukunft blicken, denn die Zukunft ist nicht logisch-rational ergründbar. Sie entfaltet sich nur vor unserem intuitiven Auge. Aus diesem Grund wird im fernen Osten der Sitz unseres intuitiven Ichs an Buddhastatuen und -bildern betont. Man spricht vom dritten Auge, ohne das kein klares Sehen in die Zukunft möglich ist. Es gibt keine Geschäftsvision und keine Beziehungsvision ohne Hilfe unseres intuitiven Ichs. Diese Einsicht würde speziell Frau Liebenswert und Herrn Mühsam sehr helfen. Wenn sie aus ihr Konsequenzen zögen, würde sich ihre Lebensqualität sofort verbessern.

Wer sein intuitives Ich vernachlässigt, muß mit folgenden körperlichen Problemen rechnen:

- Sein Körper wird besonders mit zunehmendem Alter immer starrer werden, was unweigerlich zu Bewegungsproblemen führt;
- er wird immer wieder unter Kopfschmerzen bis hin zur Migräne leiden;
- er fühlt sich beständig angespannt (hoher Muskeltonus);
- häufig wird er unter Fehlsichtigkeit wie Kurz- oder Weitsichtigkeit leiden.

Die Bejahung

Alles Schöne lebt vom Zauber unserer Phantasie.

E. W. Heine

Wenn ich Sie hier anregen möchte, Ihre Intuition zu bejahen und anzunehmen, befinde ich mich in einer paradoxen Situation, da ich Ihnen mit rationalen Argumenten etwas vermitteln will, das auch eine zutiefst irrationale Seite besitzt. Hier auf der Ebene unserer beiden höchsten Ichs – dem intuitiven und dem noch folgenden göttlichen Ich – müssen wir uns auf Erfahrungen einlassen. Aus diesem Grunde sind hier die Übungen so wichtig, denn sie vermitteln die Erfahrungen, die weit über diesen Text hinausgehen.

Kinder und Künstler sind fast immer Meister im Umgang mit ihrem intuitiven Ich. Aus diesem Grund können wir die Bejahung dieses Ichs von ihnen am besten lernen. Unser intuitives Ich stellte sich zu Beginn als eine Art Schutzengel vor. Diese Schutzengelkraft ist die Intuition, die Kinder häufig trotz ihrer Unerfahrenheit richtig handeln läßt.

Verstehen Sie mich nicht falsch, indem Sie das als eine Wendung gegen rationales Wissen und Denken auffassen. Das intuitive Ich steht keineswegs im Gegensatz dazu. Es ergänzt sie vielmehr gerade dort, wo die Rationalität an ihre Grenzen stößt. Wenn man sich auf sein intuitives Ich einläßt, braucht man keineswegs seinen Intellekt an der Garderobe abzugeben. Man muß ihn «nur» in seine Grenzen verweisen, da er zu Übergriffen neigt.

Im vorausgehenden Abschnitt über den Körper deutete ich schon an, daß man seinem intuitiven Ich näherkommt, wenn man sich entspannt. Meiner Erfahrung nach ist Entspannung der goldene Schlüssel zur Bejahung unserer intuitiven Seite. Sie können das selbst leicht nachvollziehen: Wenn Sie sich einfach hinsetzen oder hinlegen und tief entspannen, kommen Ihnen häufig Gedanken, Ideen und Einsichten, die Ihnen weiterhelfen und Ihnen langgesuchte Lösungen für Probleme anbieten. Das alles wird Ihnen geschenkt, ganz ohne Anstrengung und Mühe. Das heißt nicht, daß wir uns im Leben nicht anstrengen müssen und spielerisch radschlagend wie der Narr stets naiv unseren Weg gehen sollten. Das wäre eine fatale Einseitigkeit, genauso unpraktisch, als ob wir alles erdenken und logisch ergründen wollten. Die Bejahung unseres intuitiven Ichs bedeutet, gerade die Spannung zwischen rationaler Vernunft und irrationaler Intuition wahrzunehmen und aus ihr Klarheit und Kraft zu schöpfen. Mir fällt dazu das Bild des römischen Gottes Dianus (Janus) ein, der als Gott der Türen und des Anfangs zwei Gesichter besitzt. Er schaut zugleich in zwei gegensätzliche Richtungen und wurde als der Schöpfer und Gott des kreativen Ursprungs verehrt. Die Römer nahmen an, daß ohne seinen Segen der Mensch nichts Schöpferisches und Neues beginnen könne. Unser intuitives Ich gleicht dieser Janus-Gestalt, die zwei Perspektiven auf einmal erfaßt und deswegen so schöpferisch wirkt. Unser intuitives Ich besitzt eben einen weiteren Horizont als wir. Es gehört zum Rätselhaften der Intuition, daß sie die Rationalität – ihren Gegensatz also – mit umfaßt. Das intuitive Ich lebt aus der Einheit der Gegensätze, weshalb es uns aus Zweifel und Zerrissenheit befreien kann.

Für C. G. Jung gibt es Menschen, die ihre Umwelt spontan intuitiv wahrnehmen. Wenn Sie zu dieser Gruppe von Menschen gehören, bereitet Ihnen das Verständnis Ihres intuitiven Ichs keinerlei Schwierigkeiten. Sie wissen einfach, welche Entwicklungschancen die Intuition bietet, worauf ich hier hinauswill und welche Möglichkeiten es für Sie im Umgang mit diesem Ich gibt. Das alles wissen Sie ohne jeden Beweis oder eine bewußte Kenntnis. Sie sind in der Welt des Irrationalen zu Hause, zu der Jung die Intuition und das spontane Empfinden zählt. Wer seine Intuition bejaht, weiß um seine unbewußten Wahrnehmungen und kann viele Dinge erahnen bzw. eine Situation und deren Hintergründe erspüren. Er erfaßt sich selbst und seine Umwelt instinktiv und lehnt Phantasien keineswegs ab, sondern nutzt sie als Verständnishilfe. Ein intuitiver Mensch ist z.B. der Geschäftsmann, der sicher spürt, was Erfolg bringen wird, oder die Person, die «eine Nase dafür besitzt», wer der richtige Partner für sie ist. Menschen mit einem starken intuitiven Ich erkennt man nach Jung daran, daß sie phantasiereich sind und viele kreative Einfälle haben. Sie lesen gerne Romane und reagieren spontan. Genauestens ausgearbeiteten Plänen sind sie skeptisch gegenüber und nehmen häufig einen Gesamteindruck wahr, wobei Details ihnen eher unwichtig sind.

Wenn Sie solch einer Person ähneln, besitzen Sie ein gutes Verhältnis zu Ihrem intuitiven Ich, das Ihnen sicher einen gewissen Erfolg und Lebensglück bringen wird. In diesem Fall werden Ihnen die folgenden drei Übungen keine neuen Erfahrungen bieten können, denn Ihr intuitives Ich ist stark genug ausgebildet. Wenden Sie sich lieber den Übungen zu den anderen Ichs zu.

Übungen

Die Verbindung zu Ihrem intuitiven Ich können Sie trainieren. Ursprünglich – als Kinder – hatten wir alle ein ausgezeichnetes Verhältnis zu diesem Ich, aber im Laufe unserer Sozialisation wurde uns das aberzogen. Speziell Männer sollen in unserer Gesellschaft weniger auf ihre Intuition als auf den Intellekt hören.
Die folgenden drei Übungen zeigen Ihnen einen Weg auf, wie Sie Ihre Intuition stärken und ausbauen können. Sie werden sehen, daß es gar nicht schwer ist, wieder auf die Stimme seines intuitiven Ichs zu hören – und was noch verwunderlicher ist: Sie werden in Ihren Bemühungen sogleich verstärkt werden, denn das intuitive Ich verleiht Ihnen ein sicheres Gespür für die Chancen in Ihrem Leben.
Es gibt ganze Übungssets speziell für Manager und Führungskräfte, die helfen, deren intuitives Ich zu stärken. Autoren wie Safi Nidiaye und John Hormann, Dudley Lynch und Paul Kordis (siehe Literatur) haben einige dieser Übungen veröffentlicht, an die ich hier jedoch nicht anknüpfen möchte (da die meisten meiner Leser wahrscheinlich keine Manager sind). Ich habe für Sie drei Übungen entwickelt, mit denen Sie Ihr «normales» Alltagsleben besser und effektiver bewältigen werden und die noch dazu Spaß machen und Sie vielleicht sogar verblüffen werden. Es ist nämlich unser intuitives Ich, das uns häufig erstaunt und verblüfft. Also machen Sie sich auf einiges gefaßt.

Das intuitive Erfassen anderer Menschen

Eine Übung, die uns dafür sensibilisiert, wie andere Menschen auf uns wirken.

Dauer der Übung: Diese Übung kann immer wieder in unterschiedlichen Alltagssituationen durchgeführt werden. Die eigentliche Übung wird selten länger als einige Sekunden in Anspruch nehmen.

Schwierigkeitsgrad: Die Übung ist sehr leicht zu praktizieren.

Diese Übung macht uns eine Wahrnehmungsebene bewußt, mit der wir ständig arbeiten, die uns aber weitgehend unbewußt ist (Psychologen sagen: Sie wirkt subliminal). Auf Grund dieser Unbewußtheit nehmen wir ihre Signale häufig nur vage wahr. Wenn uns beispielsweise eine Person gegenübersteht, bemerken wir sogleich, ob wir sie mögen oder nicht. Darüber hinaus nimmt unser intuitives Ich viele andere Informationen dieser Person in Windeseile auf: Wir nehmen meistens wahr, wie sie sich fühlt, ob sie etwas zu sein vorgibt, das sie nicht ist, und wir erahnen ihre Sehnsüchte und Wünsche und wissen, ob diese Person uns mag. Sind wir jedoch nicht therapeutisch tätig, lassen wir bestenfalls nur einige wenige dieser Informationen in unser Bewußtsein dringen und vergessen (verdrängen) die anderen Informationen sogleich. Mit anderen Worten: Wir nehmen unser intuitives Ich oft zu unserem eigenen Schaden nicht ernst. Wir nutzen seine Informationen nicht. Das ist eine törichte Haltung, für die wir bezahlen müssen.

Um die Unaufmerksamkeit unserem intuitiven Ich gegenüber in wache Offenheit zu verwandeln, können Sie sich darin üben, sich die Wahrnehmungen Ihres intuitiven Ichs bewußt zu machen. Gehen Sie an einen belebten Platz. Ich würde Ihnen einen Marktplatz am Markttag vorschlagen, wenn sich viele Menschen an den Ständen drängen. Suchen Sie sich eine geschäftige Ecke aus, an der Sie dennoch weitgehend ungestört vom Gewühl stehen können. Schließen Sie für einen Moment Ihre Augen. Versuchen Sie nun, alles von der Person, die Ihnen am nächsten steht oder die gerade an Ihnen vorbeigeht, zu erfassen. Normalerweise bildet sich sogleich eine Vorstellung von dieser Person. Wenn vor Ihrem geistigen Auge ein Bild entstanden ist, öffnen Sie Ihre Augen und schauen Sie sich diese Person genau an.

War Ihr erster Eindruck mit geschlossenen Augen richtig?

Was nehmen Sie jetzt noch zusätzlich wahr?

Diese Übung können Sie problemlos vier- bis fünfmal hintereinander durchführen, um dann über ihre Wirkung nachzudenken. Es ist auch möglich, sie in einem Geschäft, auf einer Feier oder Party zu üben. Wenn es Ihnen peinlich ist, in diesen Situationen Ihre Augen zu schließen, genügt es, wenn Sie einfach nicht in die Richtung der Personen blicken, die Sie mit Hilfe Ihres intuitiven Ichs wahrnehmen wollen.

Besonders aufschlußreich ist es, diese Übung kurz zu Beginn von Geschäftsverhandlungen und Sitzungen durchzuführen oder wenn man in der Familie oder Partnerschaft eine schwierige Situation lösen möchte. Konzentrieren Sie sich darauf, wie der andere gestimmt und Ihnen gegenüber eingestellt ist. Das kann Ihnen Ihr intuitives Ich schnell und erstaunlich sicher vermitteln.

Führen Sie diese Übung regelmäßig zum Beispiel einmal pro Woche durch, werden Sie sich damit trainieren, immer genauer auf Ihr intuitives Ich zu hören. Sie werden schnell bemerken, daß Sie es sich nicht leisten können, auf seine Informationen zu verzichten.

Der Blick in die Zukunft

Die Visualisierung von Zukunftsperspektiven

Dauer der Übung: Je nachdem, wie ausführlich man diese Übung durchführt, kann sie eine Viertelstunde bis zwanzig Minuten dauern. Zumindest sollte man es sich so einrichten, daß man sie störungsfrei zwanzig Minuten lang praktizieren kann. Zeitdruck ist Gift für diese Übung.

Schwierigkeitsgrad: Für diejenigen Personen, die Schwierigkeiten haben, sich etwas genau vorzustellen (zu visualisieren), ist diese Übung zunächst relativ schwierig. Mit einer gewissen Übung wird sie jedoch binnen kurzer Zeit einfacher durchzuführen sein. Menschen, die sich sehr gut etwas vorstellen können, bereitet diese Übung keinerlei Schwierigkeiten.

Unser intuitives Ich kann nicht nur eine aktuelle Situation genau betrachten und einschätzen, es kann auch einen Blick in die Zukunft werfen. So gehört die Visionsfindung zu den Spezialitäten unseres intuitiven Ichs. Dieses Ich ist –

auch wenn es uns noch so irrational erscheint – vielschillernd, denn wahrscheinlich benutzt es bei seinem Blick in die Zukunft alle seine Informationen über die Gegenwart und stellt uns ein Zukunftsbild auf der Grundlage von Wahrscheinlichkeiten vor. Es spielt mit seinen Informationen und besonders auch mit den Informationen, die uns nicht bewußt sind.

Wir können diese Fähigkeit unseres intuitiven Ichs nutzen, um unsere Zukunft zu planen und eine Lebens- oder Geschäftsvision zu erhalten. Bei den Indianern Nordamerikas war es üblich, daß man sich zur Visionssuche speziell in kritischen Situationen seines Lebens in die Einsamkeit zurückzog und nicht eher zurückkehrte, bis man die erwünschte Vision erhalten hatte. Durch Fasten und Einsamkeit versuchten die Indianer, ihr intuitives Ich zum Sprechen zu bringen. Freilich bezeichneten sie diese innere Stimme nicht als ihr intuitives Ich, sondern für sie war es der Große Geist, der zu ihnen sprach. Es spielt jedoch keine Rolle, ob wir ein höheres Bewußtsein in uns oder außerhalb von uns annehmen.

Da es Ihnen wahrscheinlich zu aufwendig ist, sich mit Survival-Ausrüstung in die Wildnis zurückzuziehen – die man in unseren Breiten lange suchen muß –, schlage ich Ihnen eine bequemere Art der Visionssuche und Zukunftsschau vor: Ziehen Sie sich an einer Stelle Ihrer Wohnung zurück, an der Sie sich wohl und ungestört fühlen. Am besten stellen Sie Ihr Telefon und die Türklingel ab. Setzen oder legen Sie sich hin, und entspannen Sie sich so tief, wie es Ihnen möglich ist. Sie schließen Ihre Augen und atmen sich ruhig und regelmäßig in einen tief entspannten Zustand hinein. So öffnen wir uns am besten für unser intuitives Ich. Wenn Sie sich ruhig fühlen, stellen Sie sich vor, wie Sie in einem Jahr leben wollen. Lassen Sie dazu ohne Zensur und Bewertung alle Ihre Gedanken aufsteigen. Lassen Sie zu, daß sich aus diesen spontanen Gedanken konkrete Bilder formen, die Sie einfach betrachten. Schauen Sie sich diese Bilder genau an und lassen Sie diese wie einen Traum auf sich wirken.

Nach einer Viertelstunde etwa kehren Sie wieder langsam aus Ihrem Versenkungszustand in die Alltagsrealität zurück. Falls Sie noch etwas Zeit haben, sollten Sie sich Ihre Bilder kurz aufschreiben und über sie nachdenken. Bevor Sie das nächste Mal diese Übung durchführen, hilft es, sich noch einmal Ihre Notizen anzuschauen und sich zu überlegen, welche Fragen Sie an Ihr intuitives Ich in bezug auf Ihre Zukunft haben. Mit diesen Fragen im Sinn begeben Sie sich wieder in Ihre Versenkung und gehen wieder so vor, wie ich es zuvor beschrieben habe.

Auf diese Weise können Sie Stück für Stück ein Bild Ihrer Zukunft entwerfen und sie damit planen. Diese Planung besitzt den großen Vorteil, daß es keine einseitig rationale Planung ist, sondern daß Sie Ihrem intuitiven Ich die Möglichkeit geben, voll an dieser Planung teilzunehmen.

Sie haben sich den Bildern Ihres intuitiven Ichs hingegeben und mit dieser Hingabe haben Sie zugleich die Haltung eingeübt, in der Ihr intuitives Ich Ihnen Einsichten vermittelt. Je öfter Sie diese Übung durchführen, desto klarere und eindeutigere Bilder werden in Ihnen aufsteigen. Es wäre ausgesprochen dumm, diese Bilder nicht ernst zu nehmen.

Problemlösung durch Intuition
Übung zur Befragung Ihres intuitiven Ichs
Dauer der Übung: zwanzig Minuten bis zu einer halben Stunde
Schwierigkeitsgrad: Ein ähnlicher Schwierigkeitsgrad wie bei der vorausgehenden Übung. Menschen mit gutem Vorstellungsvermögen fällt sie leicht, andere mögen besonders zu Beginn dieser Übung Schwierigkeiten haben.

Da Ihr intuitives Ich mehr als Sie weiß und einen größeren Überblick über Ihre Situation besitzt, können Sie es mit großem Gewinn zu Problemen befragen. Dabei spielt es gar keine Rolle, um welches Problem es sich handelt. Es ist nur wichtig, daß dieses Problem Sie tief emotional berührt. Ihr intuitives Ich reagiert nämlich hauptsächlich auf Probleme, die Ihre Gefühle ansprechen.

Nun ist es wenig effektiv, sich hinzusetzen und sein intuitives Ich wie die Eltern zu fragen, was man in dieser oder jener Entscheidungssituation unternehmen sollte. In diesem Fall würde Ihr Intellekt immer naseweis dazwischenreden und Ihr intuitives Ich schwerlich zu Wort kommen lassen. Sie müssen also wie schon in der zweiten Übung eine Situation arrangieren, in der Ihr intuitives Ich den Raum bekommt, um sich frei ausdrücken zu können.

Den meisten hilft es, wenn sie sich ihr intuitives Ich anschaulich wie eine Person vorstellen. Mir liegt es am nächsten, dieses Ich als eine weise Frau zu sehen, die aber auch eine verführerische und verrückte Seite aufweist. Das hat übrigens eine lange Tradition: Schon im klassischen Griechenland stellte man sich die Weisheit als weiblich vor. Die Göttin der Weisheit hieß Sophia, was zugleich das altgriechische Wort für Weisheit ist. Nicht nur im klassischen Griechenland wurde die Weisheit in weiblicher Gestalt verehrt, sondern auch von den mittelalterlichen Alchimisten bis hin zu Goethes «ewig Weiblichem», das uns bekanntlich «hinanzieht». In der arabischen und selbst in der christlichen Kultur finden wir die Weisheit je nach Tradition als weiblicher Engel, Gralsjungfrauen oder Mariengestalt dargestellt. Wenn Sie sich also Ihr intuitives Ich als weiblich vorstellen, befinden Sie sich in bester Gesellschaft. Immerhin hat zu Beginn dieses Kapitels unser intuitives Ich sich selbst als weiblich vorgestellt.

Allerdings gibt es viele Menschen – im besonderen Männer –, denen es schwerfällt, sich die Weisheit und ihr intuitives Ich als weiblich vorzustellen. Ihnen steht es frei, sich ein männliches Bild von ihrem intuitiven Ich zu machen.

Einzig und allein wichtig für diese Übung ist, daß Sie sich ein klares Bild von Ihrem intuitiven Ich machen, das Sie sich konkret vorstellen können.

Die Übung besteht darin, sich darüber klarzuwerden, welche Frage Sie an Ihr intuitives Ich stellen wollen. Sie mögen darüber nachdenken, darüber meditieren oder sich mit Ihrem Freund oder Ihrer Freundin darüber unterhalten. Wichtig ist, daß Sie die zur Zeit für Sie bewegendste Frage finden. Machen Sie es sich bewußt, daß Sie nur eine klare Antwort bekommen, wenn Sie eine klare Frage stellen. Am besten schreiben Sie sich Ihre Frage in Ihr Tagebuch. Zur eigentlichen Übung begeben Sie sich wieder in eine tiefe Entspannung, um sich für die Kommunikation mit Ihrem intuitiven Ich aufnahmebereit zu machen. In dieser tiefen Entspannung stellen Sie sich vor Ihren geschlossenen Augen Ihr intuitives Ich so deutlich und lebendig wie möglich vor. Wenn Sie dieses Bild klar und konstant vor Ihrem geistigen Auge sehen, sprechen Sie Ihr intuitives Ich an. Stellen Sie ihm die Frage zu Ihrem Problem. Zu Ihrer anfänglichen Verwunderung werden Sie bemerken, daß dieses intuitive Ich Ihnen sogleich antworten wird. Wenn Sie wollen, können Sie nachfragen oder gar in ein Gespräch über Ihr Problem kommen. Sie werden bemerken, daß, je ehrlicher und offener Sie fragen, um so näher Ihnen Ihr intuitives Ich kommen und Ihnen bedeutsame Hinweise geben wird.

Es gibt einen weiteren wichtigen Effekt bei dieser Übung: Je öfter Sie sich an Ihr intuitives Ich richten, desto genauer wird dieses Ich Ihnen antworten, und Sie werden es immer besser verstehen. Das gleiche geschieht, wenn Sie die Antwort Ihres intuitiven Ichs in Ihrem Alltagsleben umzusetzen versuchen. Ihr intuitives Ich möchte nämlich von Ihnen konsultiert werden. Es möchte Ihnen eine Freundin beziehungsweise ein Freund sein und von Ihnen ernstgenommen und beachtet werden.

Es lohnt sich also – auch wenn es Ihnen zu Beginn schwerfällt –, diese Übung immer wieder durchzuführen. Ihr intuitives Ich wird sich Ihrer schon erbarmen. Goethes intuitives Ich meinte: «Wer immer strebend sich bemüht, den können wir erlösen.»

Das göttliche Ich

Der «Vollendete» kann nie derjenige sein, der sein Eigenwesen unterdrückte und verklemmte, sondern immer nur derjenige, der es erfüllte.

Herbert Fritzsche

Das göttliche Ich stellt sich vor

«Grüß Gott! Ich bin dein göttliches Ich. Du kannst mich freilich nicht sehen, ja du sollst und kannst dir auch gar kein Bild von mir machen, aber dennoch spürst du mich. Du ahnst, daß es mich gibt, und hilfst dir mit Vorstellungen von einer weisen Frau oder einem alten weisen Mann. Der Gott mit langem Bart und in wallenden weißen Gewändern, das ist so eine Klischeevorstellung von mir, die mich immer wieder erheitert. Aber das Bild von der alten Frau im schwarzen Kleid mit schlohweißem Haar ist auch nicht gerade passend – ich bin doch keine Krähe! Dir scheint es – wie den meisten Menschen – schwerzufallen zu akzeptieren, daß ich weder weiblich noch männlich bin. Du würdest sagen, ich bin beides, aber vorstellen kannst du dir das nicht.

Aber wir halten uns schon viel zu lange mit meinem Bild auf, was von vornherein verfehlt ist. Es gleicht dem Geist, den du begreifst, nicht mir.»

«Wenn du schon nicht zu erfassen bist, was ist denn deine Aufgabe, und wie wirkst du in mir?»

«Du Einfältiger willst faßbare Ergebnisse, denkst in Funktionen, und der Erfolg lockt dich. Ich bin nicht von dieser Welt. Ich bin es, der in dir die Ahnung nährt, daß es noch andere Welten gibt, die jenseits deiner Alltagswelt liegen. Du hast schon eine Vorstellung von mir durch dein intuitives Ich bekommen, das eine gute Freundin von mir ist und mich gut kennt. In meiner Welt gibt es keine Trennungen. Ich bin du, und selbst die Widersprüche wie gut und böse, männlich und weiblich und alle anderen sind aufgehoben. Ich fördere in dir die Einheit. Da du immer praktisch denkst, kannst du mich vielleicht als den erfassen, der dich dazu ermutigt, der zu sein, der du bist. Weise Menschen wie die Sufis nennen mich die Wahrheit (al haqq, wie sie es im alten Arabisch *ausdrücken), die Alchimisten erfaßten mich als Stein der Weisen, den* lapis, *den sie fieberhaft suchten und in der Außenwelt nicht finden konnten.»*

«Ich lebe leider in einer psychologisierenden Zeit: Bist du das, was wir heute das Höhere Selbst zu nennen pflegen – eine weitgehend Unbekannte?»

«So hat es Jung genannt, der freilich ein inniges Verhältnis zu mir pflegte. Du kannst mich Gott nennen, die große Unbekannte, die die Mathematiker einfach und unprätentiös als X bezeichnen. Das liebe ich: Ich bin Mister und zugleich Madame X, die schwarze Lady und der große Unbekannte, wunderlich, verborgen und dennoch überall zugleich.»

Unser göttliches Ich ist also nicht so leicht zu fassen, und vielleicht wirkt es gerade deswegen so stark in uns – häufig unbemerkt und ungewollt. Bewußt können wir mit diesem Ich nur in Kontakt treten, wenn wir alle Konzepte und Vorstellungen aufgeben. Deswegen sagen die weisen Yogis im Himalaja, daß wir uns dieser göttlichen Stimme nur öffnen, wenn wir unseren Lehrer verlassen. Alle Ichs bis auf dieses siebte Ich können einem durch eine Lehrerin oder einen Lehrer gezeigt werden. Dieses Ich aber kann man nur selbst finden. In tibetischen Texten heißt es: Wir spüren es nur, wenn wir außerhalb von uns stehen. Wir müssen in der Lage sein, uns selbst als Objekt zu sehen. Das bedeutet, wir identifizieren uns nicht mehr mit uns selbst, sondern haben endlich den Abstand erreicht, uns neutral zu betrachten. Wir lachen über uns, da wir die Identifikation mit uns und mit jeder Lehre aufgeben. Deswegen sagt man in Asien, wo die Kommunikation mit diesem göttlichen Ich sehr gepflegt wurde: «Triffst du Buddha unterwegs, so töte ihn!»

Mich hat an diesem so schwer faßbaren Ich stets fasziniert, daß es alle Regeln, Rituale und Übungen, mit denen wir uns redlich abmühten, einfach wieder aufgibt. Alle Anschauungen, spirituellen Übungen, Rituale und Regeln bringen uns nur bis zu dem Bewußtseinsstand, durch den wir erkennen, daß sie allesamt Krücken sind. Sie haben uns eine bestimmte Wegstrecke begleitet und behindern uns dann am Weiterschreiten. So ist es auch mit dieser Lehre von den sieben Ichs. Sie hat uns bis jetzt begleitet, um uns zu der Einsicht zu verhelfen, daß wir sie jetzt wieder fallen lassen müssen, um uns nicht an ein System, ein Konzept oder an eine Sicherheit zu binden, die uns wieder unfrei macht.

«Warum rennst du suchend umher?» heißt es im Arabischen, «Erleuchtung, wie du sie suchst, gibt es nicht. Lebe, sei vergnügt! Trachte nicht nach dem Göttlichen – sei du selbst!» Die letzte Offenbarung der Wüstenvölker (*Kaschfol as-Rar*) lautet: Es gibt keinen Gott. Gott ist ein tröstlicher Traum, aber wenn wir nicht träumen, werden wir verrückt. Solche unbequemen Einsichten vermittelt uns unser göttliches Ich. Mit diesen Einsichten leben wir freier, und genau das ist ein Ziel dieses mächtigen Ichs: uns zur Befreiung zu verhelfen. Aber die Befreiung ist eine Reise, kein Zustand, der zu erreichen wäre. Sie ist kein Ort, an dem wir uns häuslich einrichten können.

Die Vernachlässigung

Die Zauberer verstehen Freiheit als Fähigkeit, das Unmögliche und Unerwartete zu schaffen. Freiheit ist die vollkommene Abwesenheit der Sorge um die eigene Person.

Florinda Donner-Grau

Nach fast zwanzig Jahren Begeisterung für das Esoterische sind wir heute erleuchtungsmüde geworden. Zu viele selbsternannte Gurus streiften sich in erstaunlich jungen Jahren mit Vorliebe ein weißes Gewand über und verkündeten die Wahrheit oder zumindest die einzig heilende Methode. Die meisten ihrer Schüler hat das erschreckend wenig weitergebracht – wobei sich noch die Frage stellt, was dieses vielbeschworene «Weiterkommen» eigentlich ist. Da spricht man schnell von der so beliebten Erleuchtung, die im Grunde wie Gott auch nur eine große Unbekannte ist. Am ehesten kann ich noch etwas mit dem Begriff *Befreiung* anfangen: Das heißt, man leidet nicht mehr unter so vielen – meist selbst auferlegten und verinnerlichten – Gesetzen und Einschränkungen. Und eine Lehre ist ebenfalls eine solche Einschränkung.

Wenn wir die Stimme unseres göttlichen Ichs nicht hören, geraten wir nur zu leicht in Gefahr, solchen Möchtegern-Gurus und ihren «Instant-Lehren» zu erliegen. Unser göttliches Ich hält uns stets dazu an, zunächst einmal auf uns selbst, auf unsere Gefühle, Erfahrungen und Einsichten zu hören – und nicht auf die eines anderen.

Die Vernachlässigung unseres göttlichen Ichs führt auf

die Dauer dazu, daß wir auf kein einziges unserer Ichs mehr hören. Dadurch verlieren wir unsere Mitte und irren ziellos durch die Welt, die wir nicht mehr verstehen. Wir isolieren uns. Unser göttliches Ich hätte uns vermitteln können, daß wir nicht isoliert von den anderen, der Natur und letztendlich dem Kosmos leben. Wir sind Teil eines großen Ganzen, das wir schwer nur erfassen können. Wenn wir das vernachlässigen, schädigen wir unsere Lebensgrundlage und so auch uns selbst. Alle Probleme mit der Gier und damit zusammenhängend mit der Ausbeutung signalisieren eine geschwächte oder gar fehlende Verbindung zu unserem göttlichen Ich. Die ökologischen Probleme wie Waldsterben und globale Erwärmung sind auf die Unfähigkeit, auf dieses Ich zu hören, zurückzuführen. Dieses Ich gleicht keineswegs den konservativen Männern aus der Bibel – es ist emanzipiert, umweltbewußt und handelt sozial.

Psychische Probleme

Eine fehlende Verbindung zu seinem göttlichen Ich schafft spirituelle Probleme. Diese Probleme drücken sich zumeist psychologisch aus, indem man sich unverstanden und verloren fühlt und das Leben einem sinnlos erscheint. Das liegt daran, daß man den Kontakt zu allen oder den meisten seiner inneren Ichs verloren hat. Es ist nämlich unser göttliches Ich, das uns hilft, uns auf unsere inneren Ichs einzulassen. Verlieren wir diesen Kontakt, können alle die psychischen Probleme auftreten, die ich schon in den vorausgehenden Kapiteln beschrieben habe.

Es scheint glücklicherweise ein Grundbedürfnis des

Menschen zu sein, über sich selbst hinauszuwachsen und mit seinem göttlichen Ich in Kontakt zu treten. Ist dieses Grundbedürfnis gestört, kommt es häufig zu Suchterscheinungen. Man sucht – meist mit Hilfe von chemischen Drogen – die Einheit mit sich und der ganzen Welt.

Im rituellen Gebrauch waren Drogen stets beliebte Hilfsmittel, um solch ein Einheitsgefühl hervorzurufen. Dieser rituelle Gebrauch war jedoch in der Gesellschaft akzeptiert und in ihren sozialen Ritualen eingebettet. Man nahm die Droge, um sich mit seinem göttlichen Ich zu unterhalten. Heutzutage haben wir jedoch diese Drogen dämonisiert und den Ritus vergessen. So können sie uns nur noch selten langfristig für die Stimme unseres göttlichen Ichs öffnen. Statt uns zu öffnen, kommt es zur Sucht. Statt uns zur Freiheit zu führen, zu der unser göttliches Ich uns verhilft, kommt es zur Abhängigkeit. Man sucht wie irre die Befreiung, die man so nicht finden kann, und kann auch diese Suche nicht mehr aufgeben. Man hofft nach wie vor, die Befreiung oder die Transzendenz irgendwann doch noch einmal zu erreichen. Das ist natürlich eine Illusion, denn die Beschaffung des Suchtmittels steht im Mittelpunkt des Lebens des Süchtigen und nicht mehr das, was ursprünglich mit diesem Mittel erreicht werden sollte.

Leider leben wir in einer Gesellschaft, in der alles zur Sucht werden kann. Das zeigt, daß kollektiv die Kommunikation mit unserem göttlichen Ich tiefgreifend gestört ist. Deswegen ist es auch so schwer, angemessen zu vermitteln, was es mit diesem Ich auf sich hat. Für die meisten Menschen unserer Kultur ist es ein großes Rätsel. Wenn in biblischen Zeiten die Patriarchen des Alten Testaments mit ihrem göttlichen Ich plauderten wie wir mit unserer Nachbarin und die späteren Mystiker es ihnen bis in die Neuzeit hinein gleichtaten, dann wirkt das auf uns heute märchenhaft. Wir hören eher auf die äußeren als auf die inneren Stimmen. Um das wieder rückgängig zu machen, hilft es, sich für einige Zeit – und sei es nur für einige Minuten – zurückzuziehen und nach innen zu horchen. Unser göttliches Ich wird es in einer solchen Situation nicht versäumen, sich eifrig bemüht zu Wort zu melden.

Der Mensch ist ein psychisch labiles Wesen. Er ist nicht nur gefährdet, wenn er nicht auf das Göttliche in sich hört. Er ist genauso gefährdet, wenn er völlig einseitig auf das hört, was er als Göttliches bezeichnet. Es entstehen nämlich auch dann psychische Probleme, wenn wir unserem göttlichen Ich gegenüber hörig werden. Das zeigt sich deutlich am institutionalisierten Christentum, in dem der Glaube überbetont wird. Gott wird zum Vaterersatz, und der Gläubige schlüpft in die Rolle des Kindes und erwartet erschreckend regressiv und skandalös passiv darauf, daß der Übervater im Himmel schon alles für ihn regeln und lösen wird. Diesen Fatalismus finden wir in fast allen institutionalisierten Religionen, die – außer in ihren mystischen Traditionen – es uns austreiben wollen, auf unser eigenes göttliches Ich zu hören. Unser göttliches Ich, das unsere Befreiung anstrebt, steht jedoch immer auf der Seite der Emanzipation und niemals auf der Seite der passiven Abhängigkeit. Die letztere besitzt meistens Sucht-, aber bestimmt keinen Befreiungscharakter. Das göttliche Ich wirkt in uns. Verlagern wir dieses Ich ins Außen – also die kindliche Vorstellung vom lieben Gott im Himmel –, entfernen wir uns in unseliger Weise von diesem Ich, werden kindisch und verlieren jeden Kontakt zu dem Göttlichen in uns. Es gibt auch die extreme Haltung, daß man meint, man selbst sei Gott. Das ist einesteils richtig und zugleich auch nicht.

Das göttliche Ich spricht in uns, aber wir sind nicht unser göttliches Ich. Unser göttliches Ich übersteigt unser Bewußtsein. Wenn wir das nicht sehen wollen, führt das zu einer überheblichen Haltung, die die Griechen als *Hybris,* als die verderbliche Fehlhaltung der Überheblichkeit, bezeichneten.

Um es noch einmal ganz klar zu machen: In uns spricht das Göttliche, wir sind aber nicht Gott. Wenn wir diesen Unterschied nicht erkennen, erheben wir uns über unsere Mitmenschen, die uns ablehnen oder für verrückt erklären werden. In milderen Formen tritt diese Haltung oft bei den selbsternannten «spirituellen Lehrern» auf, die überzeugt sind, allein den Durchblick zu haben. So wurde doch Eva Liebenswert kürzlich auf dem Betriebsfest von ihrer Kollegin geradezu verschwörerisch ein Rosenquarz mit den Worten zugeschoben: «Ich weiß genau, was dir fehlt, du Arme! Nimm das hier mit ins Bett. Du wirst es nicht verstehen, aber es hilft dir.» Diese Freundin war in einem früheren Leben Hohepriesterin gewesen – da hätte sie eigentlich lernen müssen, besser auf ihr göttliches Ich zu hören.

Jung bezeichnete diese Fehlhaltung als *Inflation.* Unter Inflation verstand er die Identifikation mit einem Urbild (Archetyp). Die Götter stellen mächtige Urbilder überpersönlicher psychischer Kräfte dar, die in den Himmel, auf den Olymp oder wohin auch immer projiziert werden. Diese Urbilder sind aber überpersönlich und gehen weit über die Eigenschaften und Fähigkeiten eines Individuums hinaus. Mißversteht man sie jedoch als persönliche Eigenschaften, ruiniert man seine psychische Gesundheit. Man verfällt eben der Hybris. Dieser frevelhafte Übermut des Menschen wird mit Verblendung und Verwirrung bestraft.

Gerade durch ihn bricht man den Kontakt zu seiner göttlichen Stimme ab.

Gott ist «ein Ding an sich», das wir nach dem deutschen Philosophen Immanuel Kant (1724–1804) nicht erkennen können. Das göttliche Ich entspricht «einem Ding für sich», eben der eigenen, persönlichen Wahrheit, und die ist immer subjektiv. Gott jedoch ist objektiv und somit «unmenschlich».

Wer sein göttliches Ich vernachlässigt, muß mit folgenden psychischen Problemen rechnen:

- Er ist suchtgefährdet, das heißt er sucht das Richtige mit den falschen Mitteln;
- er kann regressiv werden und stets das Bedürfnis haben, sich einer Autorität oder einem Dogma zu unterwerfen, statt erwachsen zu werden und selbst sein Leben verantwortungsvoll in die Hand zu nehmen;
- es kann auch sein, daß er der Inflation erliegt, indem er sich in Verblendung über seine Umwelt erhebt, was zuerst in die Isolation und später in den Wahnsinn führt.

Körperliche Probleme

Mit unserem göttlichen Ich haben wir den sogenannten geistigen Bereich betreten. Im fernen Osten stellt die angemessene Kommunikation mit diesem Ich unsere höchste Bewußtseinsstufe dar, die nur wenige erreichen. Als Wohnort dieses Ichs wird der Scheitelpunkt des Kopfes angenommen, dort, wo der Kopf dem Himmel am nächsten ist. Hier ist die Ebene der körperlichen Probleme überwunden. Es heißt, daß unser göttliches Ich der Arzt ist, der uns körperlich heilt.

Wenn wir jedoch versuchen, ohne die Verbindung zu diesem Ich zu leben, werden alle diejenigen physischen Krankheiten auftreten, die ich in den vorangehenden Kapiteln erwähnt habe. Ein spezifisches körperliches Problem würde ich hier nicht sehen – außer vielleicht die Alzheimer Erkrankung (morbus Alzheimer), die sich von ihren Symptomen her hauptsächlich im geistig-intellektuellen Bereich zeigt. Bei dieser schrecklichen Erkrankung steht die physisch bedingte Regression im Vordergrund.

Wer sein göttliches Ich vernachlässigt, muß mit allen zuvor genannten Erkrankungen rechnen.

Die Bejahung

Kinder glauben, Erwachsene denken, Wissende erkennen.

E. W. Heine

Da unser göttliches Ich als eine Art Ober-Ich solch eine wichtige Stellung einnimmt, betrifft seine Vernachlässigung alle unsere anderen Ichs und zeigt verheerende Folgen, die wir – freilich im Extrem – als Wahnsinn beschreiben. Jetzt möchten Sie natürlich gern auf Ratgeberart wissen, wie man die Kommunikation mit diesem Ich pflegen und intensivieren kann. Ich muß Sie da bitter enttäuschen: Sie müssen das letztlich selbst herausfinden, denn – wie gesagt – bei dem Kontakt zu Ihrem göttlichen Ich kann Ihnen kein Lehrer helfen. «Wer sich selbst hilft, dem hilft Gott» weiß der Volksmund zu berichten. Sie müssen sich also auf Ihre ganz persönliche Weise um dieses Ich bemühen. Vielleicht sollten Sie es umwerben wie eine begehrenswerte Frau, oder Sie müssen um den Kontakt zu diesem Ich kämpfen. Man kann das göttliche Ich auch zur Kommunikation verführen, nur zwingen kann man es nicht. Lassen Sie sich also etwas einfallen! Vielleicht sendet Ihnen Ihr intuitives Ich die gewünschte Inspiration. Glücklicherweise gibt es viele Türen zu diesem Ich, und Sie werden schon Ihre Tür finden.

Manchmal wendet sich dieses Ich auch von sich aus an Sie. Es sucht sich häufig Krisensituationen aus, in denen es uns von selbst direkt anspricht. Das ist Ihre Chance! Ob es nun Gnade, ein gutes Karma oder was auch immer ist –

darüber lohnt es sich weniger nachzudenken. Wichtig ist, die Situation blitzschnell zu nutzen, um mit Ihrer göttlichen Seite ins Gespräch zu kommen.

Auf jeden Fall hilft es, wenn Sie im Trubel Ihres Lebens ab und zu innehalten und nach dem Sinn von alledem fragen, was Sie tun. Gibt es da mehr Sinn als Unsinn oder gar einen höheren Sinn?

Der wichtigste Schritt zur Bejahung dieses göttlichen Ichs ist jedoch erstaunlich einfach: Sie sollten anerkennen, daß es etwas in Ihnen gibt, das weit über Ihr Alltagsbewußtsein hinausgeht und Sie mit dem gesamten Kosmos verbindet. Wenn Ihnen das klar ist, werden Sie seine Stimme immer wieder hören. Besinnen Sie sich darauf, was ich über Ihr intuitives Ich im letzten Kapitel gesagt habe, denn das intuitive Ich ist stets bemüht, Sie auf Ihr göttliches Ich aufmerksam zu machen.

Das alles mag auf Sie zunächst einmal schwierig und kompliziert wirken. Der Kontakt zu diesem göttlichen Ich ist aber im Grunde ganz einfach. Jeder besitzt dieses Ich in sich; einige sind sich dessen bewußt, andere nicht. Wenn Sie um dieses Ich wissen, können Sie es auch erfahren.

Wenn Sie sich mit Ihren Mitmenschen oder der Natur verbunden fühlen wie die Zellen in einem Organismus, besitzen Sie bereits einen guten Kontakt zu Ihrem göttlichen Ich. Das bedeutet keineswegs, daß Sie nun wie ein Heiliger ungewöhnliche Wege gehen. Sie können ein ganz normales Leben in unserer Gesellschaft als Angestellter, Unternehmerin, Hausfrau oder Arbeiter leben und dennoch um diese Verbindung zu allen anderen fühlenden Wesen wissen. Meistens zeigt sich ein guter Kontakt zu unserem göttlichen Ich durch Humor und Freundlichkeit, Selbstironie und Hilfsbereitschaft. Menschen, die mit ihrem göttlichen Ich in gutem Kontakt stehen, findet man häufig in Organisationen, die den Umweltschutz unterstützen. Im Idealfall sollten zu dieser Gruppe auch die Therapeuten, Yoga- und Meditationslehrer, ja, letztlich alle Lehrer gehören. Allerdings halten Sie sich davon fern, missionarisch aufzutreten. Das ist eine Egoverstrickung, die keineswegs von einem Kontakt mit Ihrer göttlichen Stimme zeugt.

Übungen

Dieses siebte Ich kann man durch Übungen nur wenig stärken, wenn es auch immer wieder Versuche gegeben hat, den Kontakt zu diesem Ich äußerlich zu fördern. Die klassische Form der Kontaktaufnahme, die Sie sicherlich alle kennen, ist das Gebet. Das Gebet als persönliche Unterhaltung mit Gott (und nicht so sehr als vorformulierter Text) kann als die wichtigste Förderung der Kommunikation mit diesem Ich angesehen werden. Dabei brauchen Sie nicht unbedingt christlich zu sein, um in Zwiesprache mit diesem Ich zu treten. Selbst ein Atheist kann in den Dialog mit seiner höheren Intelligenz treten, die er freilich nicht *Gott* nennen wird. Aber wie man diese höhere Dimension in uns benennt, spielt keine Rolle; wichtig ist, den Kontakt mit ihr zu finden und sie zu erfahren.

Es gibt also keinen Grund für Sie, mit diesem Ich nicht in Kontakt zu treten. Außer dem Gebet oder der Zwiesprache mit der höheren Intelligenz oder Weisheit hilft das Lesen der Weisheitsbücher der Menschheit. Ob es nun der Koran, die Lehrreden Buddhas, die *Bhagavad-Gita* oder das *I Ging*, Attars *Konferenz der Vögel*, Goethes *Faust*, die Schriften der Mystiker oder auch die Bücher der Bibel sind – immer wird diese Lektüre Sie auf die göttliche Stimme in Ihnen aufmerksam machen. Wenn Sie sich solchen Texten hingeben, mag vielleicht Ihr göttliches Ich sich plötzlich bei Ihnen melden, und Sie werden verstehen, daß diese Weisheitsbücher einen Schlüssel zu den Räumen dieses Ichs darstellen.

Jetzt machen Sie es sich aber keineswegs zur Hausaufgabe, daß Sie sich den Koran oder die Bibel – die sich erstaunlich gleichen – vornehmen und diese Bücher von vorn bis hinten wie einen Roman lesen wollen. Das ist einschläfernd langweilig und wird Sie eher behindern, den ersehnten Kontakt zu Ihrem göttlichen Ich aufzunehmen. Es ist weitaus hilfreicher, wenn Sie in diesen klassischen Büchern einmal hier und einmal dort lesen. Blättern Sie einfach in ihnen, schauen Sie, wo Sie hängenbleiben, und lesen Sie dort ein Stück genauer.

Alle drei Ichs, das kommunikative, das intuitive und das göttliche Ich, teilen sich auch durch die Meditation mit. Wenn Sie in der Stille nach innen lauschen, können Sie diese Ichs gar nicht überhören.

Die Lehren der sieben Ichs

Alles zu verstehen, heißt alles zu verzeihen.
Madame de Staël

Ich hoffe, daß Sie sich selbst und auch andere nun besser verstehen werden. Verstehen ist der Zweck aller Kommunikation, und immer, wenn Sie sich mit anderen unterhalten, mischen sich diese sieben Ichs ein. Wenn Sie gerade erst mit den Übungen begonnen haben, wird es Ihnen vielleicht gar nicht klar sein, daß hinter dem Rücken Ihres Bewußtseins Ihre Ichs munter mit den Ichs Ihres Gegenübers kommunizieren. Einige kecke Ichs wie Ihr sexuelles Ich zum Beispiel treten stets sogleich mit dem sexuellen Ich oder auch mit dem kämpferischen Ich Ihres Partners in Kontakt. Dies zeigt sich oft als Buhl- und Platzhirsch-Verhalten. Das mitfühlende Ich will auch nicht zurückstehen, es sei denn, es handelt sich um eine todlangweilige, neutrale Situation. Die mag aber wieder Ihr kämpferisches Ich anregen, für etwas mehr Bewegung zu sorgen, vielleicht mit ironischen oder frechen Bemerkungen, die Ihnen spontan in den Sinn kommen.

Wenn Sie sich bewußt werden, wer in Ihnen denn nun gerade mit welchem Ich in der anderen Person spricht, fällt es Ihnen viel leichter, die Situation einzuschätzen, die Kommunikation zu verstehen und das mitzuteilen, was Sie wirklich mitteilen wollen. Das ist besonders im Gespräch zwischen Männern und Frauen wichtig, da jedes Geschlecht unbewußt auf seine eigentümliche Weise kommuniziert, was häufig zu unangenehmen Mißverständnissen führt. Ihr mitfühlendes Ich möchte beispielsweise Ihrem Partner in einer schwierigen Situation helfen. Dessen kämpferisches Ich sieht das als lieblose Bevormundung. Solche Situationen sind zwischen den Geschlechtern gang und gäbe. Achten Sie also immer darauf, welches Ich mit welchem Ich spricht – und wer sich mit wem einläßt (das kann sich allerdings schnell ändern).

Dieses Buch hat Sie sensibilisiert, Ihre innere und äußere Kommunikation genauer wahrzunehmen. Es liegt jetzt an Ihnen, dieses Bewußtsein zu nutzen – und zwar am besten tagtäglich. Wenn Ihnen diese Sichtweise der sieben Ichs geläufig ist und es Ihnen auch Spaß macht, sie anzuwenden, dann erst kommunizieren Sie bewußt.

Zum anderen haben Sie zugleich auf westliche und zeitgemäße Weise verstanden, was die Inder mit Ihrem System der sieben Energiezentren des menschlichen Körpers meinen. Diese auch *Chakras* genannten Energiezentren stellen nämlich hochspezialisierte Organe der Kommunikation dar. Man kann sie wie die sieben Ichs als sieben unterschiedliche Bewußtseinsstufen betrachten, wobei das energetische Ich die untere Stufe unseres Überlebens darstellt und unser göttliches Ich die höchste Bewußtseinsstufe der Befreiten. Jedes Ich hat seine eigene Lehre für uns. Machen Sie sich die sieben Ichs zu Ihrem Lehrer.

Was die einzelnen Ichs uns lehren können:
- Das energetische Ich läßt uns die Wichtigkeit unserer Erdung spüren.
- Das sexuelle Ich zeigt uns den Weg, die Lust mit anderen zu genießen.
- Das kämpferische Ich stärkt unser Selbstbewußtsein.
- Das mitfühlende Ich lehrt uns, sozial zu sein.
- Das kommunikative Ich macht uns aufmerksam.
- Das intuitive Ich zeigt uns das weite Land von Vision, Phantasie und Spiel.
- Das göttliche Ich vermittelt uns: «Alles ist möglich».

Ich hoffe, Ihnen mit diesem Buch geholfen zu haben, Ihr Leben sinnvoller, glücklicher und bewußter zu leben. Mit diesem Konzept der sieben Ichs können Sie Ihr Leben lang arbeiten, und Sie werden immer wieder neue Aspekte entdecken. Das Kennenlernen der sieben Ichs gleicht nämlich einer Entdeckungsreise, die voller Überraschungen steckt und unser Leben spannend macht. Habe ich Sie zu diesem Abenteuer anregen können?

Auf jeden Fall wünsche ich Ihnen Glück auf Ihrem Lebensweg. Mögen alle Ihre Energien frei fließen.

Literatur

Farid ud-din Attar: *Vogelgespräche*. Ansata Verlag, Interlaken 1988.
David Boadella: *Wilhelm Reich*. Scherz Verlag, Bern, München, Wien 1995.
Daniel Goleman: *Emotionale Intelligenz*. Deutscher Taschenbuch Verlag, München 1997.
J. W. Hauer, C. G. Jung: *Tantra-Yoga*. Seminar im psychologischen Club Zürich, Oktober 1932. Eigenverlag Zürich 1933.
I Ging. Diederichs Verlag, München ^{22}1995.
Harisch Johari: *Chakras*. Sphinx Verlag, Basel 1992.
Dudley Lynch, Paul Kordis: *DelphinStrategien*. Paida Verlag, Fulda 1992.
Caitlin Matthews: *Sophia – Göttin der Weisheit*. Walter Verlag, Solothurn, Düsseldorf 1993.
Safi Nidiaye, Franz-Theo Gottwald, John Hormann, Antje Besser-Anthony: *Führung durch Intuition*. Ariston Verlag, Kreuzlingen 1997.
Daniel Odier: *Tantra*. Lübbe Verlag, Bergisch Gladbach 1997.
Marylin M. Rhie, Robert A. F. Thurman (Herausgeber): *Weisheit und Liebe*. Dumont Verlag, Köln 1996.
Wilhelm Reich: *Die Entdeckung des Orgons*. Fischer Verlag, Frankfurt/Main 1972.
Wilhelm Reich: *Die Entstehung des Orgons*. Fischer Verlag, Frankfurt/Main 1972.
Geshe Lhündub Söpa, Jeffrey Hopkins: *Der Tibetische Buddhismus*. Diederichs Verlag, Düsseldorf, Köln 1977.
Rudolf Steiner: *Theosophie. Einführung in übersinnliche Welterkenntnis und Menschenbestimmung*. Rudolf Steiner Verlag, Dornach 1986.
Klausbernd Vollmar: *Chakren – Lebenskraft und Lebensfreude aus der eigenen Mitte*. Gräfe und Unzer Verlag, München 1989.
Klausbernd Vollmar: «Tabellarische Chakra-Übersicht». In: Diane von Weltzien (Hrsg.): *Das große Praxisbuch der Aura- und Chakra-Arbeit*. Goldmann Verlag, München 1993, S. 182–187.
Klausbernd Vollmar: «Das zweite Chakra». In: Ebenda, S. 199–209.

Klausbernd Vollmar: *Fahrplan durch die Chakren*. Rowohlt Verlag, Reinbek 1993.
Klausbernd Vollmar: *Chakra-Arbeit*. Goldmann Verlag, München 1994.
Klausbernd Vollmar: *Das Arbeitsbuch zu den Chakras*. H. Hugendubel Verlag, München 1997.

Seminare und Workshops

Wenn Sie sich für Seminare, Workshops, (Ferien-)Kurse und Vorträge in deutscher Sprache interessieren, wenden Sie sich bitte an folgende Adresse:

Klausbernd Vollmar, Dipl. Psych., Rhu Sila, Cley next the Sea, Holt, Norfolk NR25 7UD, England. fon & fax: 0044 1263 740304, E-Mail: KBVollmar@AOL.COM

Interessenten für Kurse aus der Schweiz, Liechtenstein und Österreich wenden sich bitte für weitere Informationen an Haus Gutenberg, FL-9496 Balzers, Liechtenstein, fon 0041 75 3881133, fax 0041 75 3881135.